Essai sur l'art de ramper, à l'usage des courtisans

DANS LA MÊME SÉRIE

L'Art d'aimer, Librio n° 11
Le Banquet, Librio n° 76
Le Prince, Librio n° 163
Discours de la méthode, Librio n° 299
L'Utopie, Librio n° 317
Discours sur l'origine et les fondements de l'inégalité parmi les hommes, Librio n° 340
Lettres et maximes, Librio n° 363
Si la philosophie m'était contée, Librio n° 403
Le Bonheur, désespérément, Librio n° 513
Fragments et aphorismes, Librio n° 616
Apologie de Socrate, Librio n° 635
De la vie heureuse et de la tranquillité de l'âme, Librio n° 678
Ni Dieu, ni maître ! De Diderot à Nietzsche, Librio n° 812
Abrégé hédoniste, Librio n° 1051
Sur le mensonge, Librio n° 1074
Gorgias, Librio n° 1075
L'Art d'avoir toujours raison, Librio n° 1076
Pensées, Librio n° 1078
Discours de la servitude volontaire, Librio n° 1084
Du contrat social, Librio n° 1085
Traité sur la tolérance, Librio n° 1086
Manuel d'Épictète, Librio n° 1097

Baron d'Holbach

Essai sur l'art de ramper, à l'usage des courtisans

et autres conseils des classiques pour survivre en politique

Librio

Les philosophes, qui communément sont gens de mauvaise humeur, regardent à la vérité le métier de courtisan comme bas, comme infâme, comme celui d'un empoisonneur. Les peuples ingrats ne sentent point toute l'étendue des obligations qu'ils ont à ces grands généreux, qui, pour tenir leur Souverain en belle humeur, se dévouent à l'ennui, se sacrifient à ses caprices, lui immolent continuellement leur honneur, leur probité, leur amour-propre, leur honte et leurs remords ; ces imbéciles ne sentent donc point le prix de tous ces sacrifices ? Ils ne réfléchissent point à ce qu'il en doit coûter pour être un bon courtisan ? Quelque force d'esprit que l'on ait, quelle qu'encuirassée que soit la conscience par l'habitude de mépriser la vertu et de fouler aux pieds la probité, les hommes ordinaires ont toujours infiniment de peine à étouffer dans leur cœur le cri de la raison. Il n'y a guère que le courtisan qui parvienne à réduire cette voix importune au silence ; lui seul est capable d'un aussi noble effort.

Si nous examinons les choses sous ce point de vue, nous verrons que, de tous les arts, le plus difficile est celui de ramper. Cet art sublime est peut-être la plus merveilleuse conquête de l'esprit humain. La nature a mis dans le cœur de tous les hommes un amour-propre, un orgueil, une fierté qui sont, de toutes les dispositions, les plus pénibles à vaincre. L'âme se révolte contre tout ce qui tend à la déprimer ; elle réagit avec vigueur toutes les fois qu'on la blesse dans cet endroit sensible ; et si de bonne heure on ne contracte l'habitude de combattre, de comprimer, d'écraser ce puissant ressort, il devient impossible de le maîtriser. C'est à quoi le courtisan s'exerce dans l'enfance, étude bien plus utile sans doute que toutes celles qu'on nous vante avec emphase, et qui annonce dans ceux qui ont acquis ainsi la faculté de subjuguer la nature une force dont très peu d'êtres se trouvent doués. C'est par ces efforts héroïques, ces combats, ces victoires qu'un habile courtisan se distingue et parvient à ce point d'insensibilité qui le mène au crédit, aux honneurs, à ces grandeurs qui font l'objet de l'envie de ses pareils et celui de l'admiration publique.

Que l'on exalte encore après cela les sacrifices que la Religion fait faire à ceux qui veulent gagner le ciel ! Que l'on nous parle de la force d'âme de ces philosophes altiers qui prétendent mépriser tout ce que les hommes estiment ! Les dévots et les sages n'ont pu vaincre l'amour-propre ; l'orgueil semble très compatible avec la dévotion et la philosophie. C'est au seul courtisan qu'il est réservé

Paul Heinrich Dietrich,
baron d'Holbach

Essai sur l'art de ramper, à l'usage des courtisans

1790

L'homme de Cour est sans contredit la production la plus curieuse que montre l'espèce humaine. C'est un animal amphibie dans lequel tous les contrastes se trouvent communément rassemblés. Un philosophe danois compare le courtisan à la statue composée de matières très différentes que Nabuchodonosor vit en songe. « La tête du courtisan est, dit-il, de verre, ses cheveux sont d'or, ses mains sont de poix-résine, son corps est de plâtre, son cœur est moitié de fer et moitié de boue, ses pieds sont de paille, et son sang est un composé d'eau et de vif-argent. »

Il faut avouer qu'un animal si étrange est difficile à définir ; loin d'être connu des autres, il peut à peine se connaître lui-même ; cependant il paraît que, tout bien considéré, on peut le ranger dans la classe des hommes, avec cette différence néanmoins que les hommes ordinaires n'ont qu'une âme, au lieu que l'homme de Cour paraît sensiblement en avoir plusieurs. En effet, un courtisan est tantôt insolent et tantôt bas ; tantôt de l'avarice la plus sordide et de l'avidité la plus insatiable, tantôt de la plus extrême prodigalité, tantôt de l'audace la plus décidée, tantôt de la plus honteuse lâcheté, tantôt de l'arrogance la plus impertinente, et tantôt de la politesse la plus étudiée ; en un mot c'est un Protée, un Janus, ou plutôt un Dieu de l'Inde qu'on représente avec sept faces différentes.

Quoi qu'il en soit, c'est pour ces animaux si rares que les Nation paraissent faites ; la Providence les destine à leurs menus plai sirs ; le Souverain lui-même n'est que leur homme d'affaires quand il fait son devoir, il n'a d'autre emploi que de songer contenter leurs besoins, à satisfaire leurs fantaisies ; trop heureu de travailler pour ces hommes nécessaires dont l'État ne peut s passer. Ce n'est que pour leur intérêt qu'un Monarque doit leve des impôts, faire la paix ou la guerre, imaginer mille invention ingénieuses pour tourmenter et soutirer ses peuples. En échang de ces soins, les courtisans reconnaissants payent le Monarqu en complaisances, en assiduités, en flatteries, en bassesses, et l talent de troquer contre des grâces ces importantes marchandise est celui qui sans doute est le plus utile à la Cour.

de triompher de lui-même et de remporter une victoire complète sur les sentiments de son cœur. Un parfait courtisan est sans contredit le plus étonnant de tous les hommes. Ne nous parlez plus de l'abnégation des dévots pour la Divinité, l'abnégation véritable est celle d'un courtisan pour son maître ; voyez comme il s'anéantit en sa présence ! il devient une pure machine, ou plutôt il n'est plus rien ; il attend de lui son être, il cherche à démêler dans ses traits ceux qu'il doit avoir lui-même ; il est comme une cire molle prête à recevoir toutes les impressions qu'on voudra lui donner.

Il est quelques mortels qui ont de la roideur dans l'esprit, un défaut de souplesse dans l'échine, un manque de flexibilité dans la nuque du cou ; cette organisation malheureuse les empêche de se perfectionner dans l'art de ramper et les rend incapables de s'avancer à la Cour. Les serpents et les reptiles parviennent au haut des montagnes et des rochers, tandis que le cheval le plus fougueux ne peut jamais s'y guinder. La Cour n'est point faite pour ces personnages altiers, inflexibles, qui ne savent ni se prêter aux caprices, ni céder aux fantaisies, ni même, quand il en est besoin, approuver ou favoriser les crimes que la grandeur juge nécessaires au bien-être de l'État.

Un bon courtisan ne doit jamais avoir d'avis, il ne doit avoir que celui de son maître ou du ministre, et sa sagacité doit toujours le lui faire pressentir ; ce qui suppose une expérience consommée et une connaissance profonde du cœur humain. Un bon courtisan ne doit jamais avoir raison, il ne lui est point permis d'avoir plus d'esprit que son maître ou que le distributeur de ses grâces, il doit bien savoir que le Souverain et l'homme en place ne peuvent jamais se tromper.

Le courtisan bien élevé doit avoir l'estomac assez fort pour digérer tous les affronts que son maître veut bien lui faire. Il doit dès la plus tendre enfance apprendre à commander à sa physionomie, de peur qu'elle ne trahisse les mouvemens secrets de son cœur ou ne décèle un dépit involontaire qu'une avanie pourrait y faire naître. Il faut pour vivre à la Cour avoir un empire complet sur les muscles de son visage, afin de recevoir sans sourciller les dégoûts les plus sanglants. Un boudeur, un homme qui a de l'humeur ou de la susceptibilité ne saurait réussir.

En effet, tous ceux qui ont le pouvoir en main prennent communément en fort mauvaise part que l'on sente les piqûres qu'ils ont la bonté de faire, ou que l'on s'avise de s'en plaindre. Le courtisan devant son maître doit imiter ce jeune Spartiate que l'on fouettait pour avoir volé un renard; quoique durant l'opération l'animal caché sous son manteau lui déchirât le ventre, la douleur ne put lui arracher le moindre cri. Quel art, quel empire sur soi-même ne suppose pas cette dissimulation profonde qui forme le premier caractère du vrai courtisan! Il faut que sans cesse sous les dehors de l'amitié il sache endormir ses rivaux, montrer un visage ouvert, affectueux, à ceux qu'il déteste le plus, embrasser avec tendresse l'ennemi qu'il voudrait étouffer; il faut enfin que les mensonges les plus impudents ne produisent aucune altération sur son visage.

Le grand art du courtisan, l'objet essentiel de son étude, est de se mettre au fait des passions et des vices de son maître, afin d'être à portée de le saisir par son faible: il est pour lors assuré d'avoir la clef de son cœur. Aime-t-il les femmes? il faut lui en procurer. Est-il dévot? il faut le devenir ou se faire hypocrite. Est-il ombrageux? il faut lui donner des soupçons contre tous ceux qui l'entourent. Est-il paresseux? il ne faut jamais lui parler d'affaires; en un mot il faut le servir à sa mode et surtout le flatter continuellement. Si c'est un sot, on ne risque rien à lui prodiguer les flatteries même qu'il est le plus loin de mériter; mais si par hasard il avait de l'esprit ou du bon sens, ce qui est assez rarement à craindre, il y aurait quelques ménagements à prendre.

Le courtisan doit s'étudier à être affable, affectueux et poli pour tous ceux qui peuvent lui aider et lui nuire; il ne doit être haut que pour ceux dont il n'a pas besoin. Il doit savoir par cœur le tarif de tous ceux qu'il rencontre, il doit saluer profondément la femme de chambre d'une Dame en crédit, causer familièrement avec le suisse ou le valet de chambre du ministre, caresser le chien du premier commis; enfin il ne lui est pas permis d'être distrait un instant; la vie du courtisan est une étude continuelle.

Un véritable courtisan est tenu comme Arlequin d'être l'ami de tout le monde, mais sans avoir la faiblesse de s'attacher à personne; obligé même de triompher de l'amitié, de la sincérité, ce n'est jamais qu'à l'homme en place que son attachement est dû, et cet attachement doit cesser aussitôt que le pouvoir cesse. Il est indispensable de détester sur-le-champ quiconque a déplu au maître ou au favori en crédit.

Que l'on juge d'après cela si la vie d'un parfait courtisan n'est pas une longue suite de travaux pénibles. Les Nations peuvent-elles payer trop chèrement un corps d'hommes qui se dévoue à ce point pour le service du Prince ? Tous les trésors des peuples suffisent à peine pour payer des héros qui se sacrifient entièrement au bonheur public ; n'est-il pas juste que des hommes qui se damnent de si bonne grâce pour l'avantage de leurs concitoyens soient au moins bien payés en ce monde ?

Quel respect, quelle vénération ne devons-nous pas avoir pour ces êtres privilégiés que leur rang, leur naissance rend naturellement si fiers, en voyant le sacrifice généreux qu'ils font sans cesse de leur fierté, de leur hauteur, de leur amour-propre ? Ne poussent-ils pas tous les jours ce sublime abandon d'eux-mêmes jusqu'à remplir auprès du Prince les mêmes fonctions que le dernier des valets remplit auprès de son maître ? Ils ne trouvent rien de vil dans tout ce qu'ils font pour lui ; que dis-je ? ils se glorifient des emplois les plus bas auprès de sa sacrée personne ; ils briguent nuit et jour le bonheur de lui être utiles, ils le gardent à vue, se rendent les ministres complaisants de ses plaisirs, prennent sur eux ses sottises ou s'empressent de les applaudir ; en un mot, un bon courtisan est tellement absorbé dans l'idée de son devoir, qu'il s'enorgueillit souvent de faire des choses auxquelles un honnête laquais ne voudrait jamais se prêter. L'esprit de l'Évangile est l'humilité ; le Fils de l'Homme nous a dit que celui qui s'exalte serait humilié ; l'inverse n'est pas moins sûr, et les gens de Cour suivent le précepte à la lettre. Ne soyons donc plus surpris si la Providence les récompense sans mesure de leur souplesse, et si leur abjection leur procure les honneurs, la richesse et le respect des Nations bien gouvernées.

Machiavel

« Des conjurations »

1512 - 1517

Traduit par Jean-Vincent Périès

Je n'ai pas cru devoir m'abstenir de parler des conjurations, tant elles présentent de dangers pour les princes et pour les particuliers : elles ont privé plus de princes de la couronne et de la vie qu'une guerre ouverte, parce qu'il est peu d'hommes qui puissent déclarer la guerre à un prince, tandis qu'il est au pouvoir de chacun de conspirer contre lui.

D'un autre côté, les simples particuliers ne sauraient se jeter dans une entreprise plus dangereuse et plus téméraire, parce qu'elle n'offre de toutes parts que périls et difficultés ; aussi arrive-t-il que l'on en tente un grand nombre, et que bien peu offrent le résultat que l'on en espérait.

Afin donc d'apprendre aux princes à se garantir de ces dangers, et aux peuples à s'y engager moins témérairement, et à se résoudre à obéir au gouvernement sous lequel le sort les a placés, je veux traiter ce sujet avec étendue, et je ne passerai sous silence aucune des circonstances remarquables qui pourraient servir à éclairer les uns et les autres.

C'est vraiment une maxime d'or, que celle où Tacite dit : « Que les hommes doivent respecter le passé, se soumettre au présent, désirer de bons princes, et les supporter tels qu'ils sont. » Se conduire autrement, c'est le plus souvent travailler à sa ruine et à celle de la patrie.

Pour entrer en matière, nous devons considérer d'abord contre qui on dirige ordinairement les conjurations ; et nous verrons que c'est ou contre la patrie ou contre un prince. Je ne parlerai maintenant que de ces deux espèces de conspirations ; je me suis assez étendu précédemment sur les complots formés pour livrer une ville aux ennemis qui l'assiègent, et sur ceux qui y ressemblent par quelques circonstances.

Je traiterai dans cette première partie de celles qui sont dirigées contre un prince, et j'examinerai d'abord quelles en sont ordinairement les causes. Elles sont nombreuses ; mais il en est une entre autres de la plus grande importance : c'est la haine générale. En effet, lorsqu'une haine universelle environne le prince, faut-il s'étonner si quelques citoyens qu'il aura plus offensés que les autres nourrissent dans leur cœur le désir de la vengeance, et si ce sentiment acquiert chaque jour de nouvelles forces par cette aversion générale dont ils le voient poursuivi ?

Un prince doit donc éviter ce fardeau de la haine ; et comme j'ai traité ailleurs la manière dont il peut y parvenir, je n'en parlerai point ici. S'il parvient donc à s'en garantir, il sera moins exposé aux coups d'un sujet offensé : d'abord, parce qu'il est rare qu'un homme ressente assez profondément une injure pour s'exposer à un péril si manifeste dans la seule vue de se venger ; et ensuite, parce que s'il s'en rencontrait un qui eût le pouvoir et le courage d'exécuter son dessein, il serait retenu par cette affection générale dont il verrait que le prince est l'objet.

On est outragé dans ses biens, dans sa personne, dans son honneur. Si l'outrage atteint la personne, la menace en est plus dangereuse que l'effet : car la menace seule offre de grands périls ; l'effet n'en présente aucun. Celui que l'on tue ne songe plus à se venger, et le plus souvent ceux qui lui survivent en laissent la pensée à celui qui n'est plus : mais celui qu'on menace et qui se voit pressé par la nécessité, ou d'agir, ou de souffrir, devient, comme nous dirons particulièrement ailleurs, un homme extrêmement dangereux pour le prince.

Après cette nécessité, ce sont les outrages faits à leurs richesses et à leur honneur qui blessent le plus profondément les hommes. Un prince doit surtout éviter de les commettre : il ne peut tellement dépouiller un homme de ses biens, qu'il ne lui reste un poignard pour se venger ; il ne peut tellement le déshonorer, qu'il ne lui reste une âme acharnée à la vengeance. De toutes les manières de flétrir l'honneur d'un homme, la plus sensible est d'abord l'outrage fait à sa femme, et ensuite le mépris qu'on a pour lui-même : c'est là ce qui arma Pausanias contre Philippe de Macédoine ; ce qui dirigea le fer contre tant de princes ; et, de nos jours, Giulio Belanti ne conjura contre Pandolfo, tyran de Sienne, que parce que ce prince, après lui avoir donné sa fille en mariage, la lui reprit, ainsi que nous le dirons ailleurs.

Le motif le plus puissant qui excita les Pazzi à conspirer contre les Médicis fut l'héritage de Jean Bonromei, qui leur fut enlevé par ordre de ces derniers.

Une autre cause non moins importante, qui engage les hommes à conspirer contre un prince, est le désir de briser le joug sous lequel il fait gémir la patrie : c'est là ce qui arma Brutus et Cassius contre César ; c'est ce qui mit le poignard à la main de tant de citoyens généreux contre les Phalaris, les Denys, et tant d'usurpateurs de leur patrie.

Le seul moyen qui reste aux tyrans pour détourner le cours de cette haine, c'est de déposer la tyrannie ; et, comme il n'en est aucun qui veuille embrasser ce parti, il y en a peu qui n'éprouvent une fin malheureuse ; ce qui a donné lieu à ces vers de Juvénal :

Ad generum Cereris sine cœde et vulnere pauci
Descendunt reges, et sicca morte tyranni.
Sat. X, v. 112, 115.

Les périls que portent avec elles les conjurations sont, comme je l'ai déjà dit, d'autant plus grands qu'ils sont de tous les instants ; car dans ces entreprises on court des dangers, lorsqu'on les trame, lorsqu'on les exécute, et après même qu'elles sont terminées. Ou c'est un seul homme qui conspire, ou les conjurés sont plusieurs : lorsqu'il est seul, on ne peut pas dire que ce soit une conjuration ; ce n'est que la ferme résolution née dans un homme unique de poignarder le prince : des trois périls auxquels on s'expose en conspirant, il n'a point à craindre le premier ; car avant l'exécution il ne court aucun danger, puisque personne que lui ne possède son secret, et qu'il ne redoute point que son projet vienne frapper jamais les oreilles du prince. Cette résolution bien conçue peut tomber dans l'esprit du premier individu venu, grand, petit, noble, non noble, familier ou non familier du prince, puisqu'il est possible à chacun de lui parler au moins une fois ; et celui à qui cette facilité est permise une seule fois peut en profiter pour assouvir sa vengeance. Pausanias, dont j'ai déjà parlé ailleurs, poignarda Philippe de Macédoine tandis qu'il allait au temple, environné d'une garde nombreuse, et placé entre son fils et son gendre ; mais l'assassin était noble, et connu du prince. Un Espagnol, pauvre et de basse extraction, frappa Ferdinand, roi d'Espagne, d'un coup de couteau à la gorge : la blessure ne fut pas mortelle ; mais elle prouve du moins qu'il eut la hardiesse et la commodité de frapper. Un derviche, espèce de prêtre turc, tira un cimeterre contre Bajazet, père du Grand Seigneur actuel : il ne l'atteignit point ; mais ce ne fut ni l'intention ni la possibilité qui lui manquèrent. Il existe sans doute un assez grand nombre d'esprits de cette trempe qui ont l'intention d'agir, parce qu'il n'y a dans l'intention ni difficulté ni péril; mais peu en viennent au dénouement. Sur mille qui exécutent, il en est bien peu, si même il en est un, qui ne soient massacrés sur le fait. C'est ce qui fait que personne ne court volontiers à une mort certaine.

Mais laissons de côté ces projets conçus par un seul homme, et venons aux conjurations formées par plusieurs. L'histoire nous prouve, par une foule d'exemples, que toutes les conjurations ont été conçues par des grands ou des courtisans admis dans l'intimité du prince, parce que les autres, à moins d'être entièrement insensés, ne peuvent former de complot: des hommes sans pouvoir, et non admis dans l'intérieur du prince, n'ont aucune des espérances ni des facilités qu'exige l'exécution d'une conjuration. D'abord des hommes sans pouvoir ne peuvent s'assurer de la foi de leurs complices, personne ne voulant embrasser leur parti sans être appuyé d'une de ces grandes espérances qui font que les hommes se précipitent au milieu des périls; de sorte que, dès qu'ils se sont confiés à plus de deux ou trois personnes, ils trouvent bientôt l'accusateur, et échouent. Mais quand ils seraient assez heureux pour n'avoir point de traîtres parmi eux, ils sont environnés, pour en venir au fait, de tant d'obstacles, l'accès auprès du prince leur est si difficile, qu'il est impossible que l'exécution ne cause pas leur perte; et quand les courtisans, à qui toutes les entrées sont ouvertes, succombent sous les difficultés dont nous parlerons plus bas, il est clair que ces difficultés ne feront que s'accroître pour les autres.

Cependant les hommes, quand il y va de leur vie et de leur fortune, ne sont pas entièrement insensés; aussi, se voient-ils trop faibles, ils se gardent de conspirer; ils se contentent de maudire le tyran, et attendent la vengeance de ceux que leur pouvoir et leur rang élèvent au-dessus d'eux. Si cependant il arrivait que quelque homme de cette espèce eût formé une pareille entreprise, il faudrait louer son intention si l'on était forcé de blâmer sa prudence.

On voit donc que tous ceux qui ont conspiré étaient des hommes puissants dans la familiarité du prince; et, parmi cette foule de conjurés, les uns ont été excités autant par de trop grands bienfaits que par de trop cruels outrages. Tels furent Perennius contre Commode, Plautianus contre Sévère, Séjan contre Tibère. Tous avaient été comblés, par leurs maîtres, de tant de richesses, d'honneurs et de dignités, qu'il semblait qu'il ne manquât à l'étendue de leur puissance que l'empire même : avides de posséder ce qui leur manquait, ils conspirèrent contre le prince ; mais leurs complots eurent tous l'issue que méritait leur ingratitude. Cependant, dans des temps plus rapprochés de nous, nous avons vu réussir celui que trama Jacopo d'Appiano contre messer Pierro Gambacorti, prince de Pise, qui, après avoir élevé, nourri, et rendu Jacopo célèbre, se vit dépouillé par lui de ses États.

Le complot que Coppola forma de nos jours contre le roi Ferdinand d'Aragon est encore de ce genre : ce Coppola parvint à un tel degré de puissance, qu'il se persuada qu'il ne lui manquait plus que la couronne, et pour avoir voulu s'en emparer il perdit la vie. Certes, si quelque conjuration tramée contre un prince par les grands de sa cour dut avoir une heureuse issue, c'était celle qui, conduite par un homme qui était pour ainsi dire un autre roi, avait tant de moyens de réussir. Mais cette ardeur de régner, qui aveugle les hommes, les aveugle encore dans la conduite de leurs entreprises, parce que si la prudence dirigeait leur crime, il serait impossible qu'il ne réussît pas.

En conséquence, un prince qui veut se préserver des conjurations doit redouter bien plus encore ceux qu'il a comblés de bienfaits que ceux qu'il aurait accablés d'outrages ; car ceux-ci manquent de moyens commodes pour se venger, tandis qu'ils abondent pour les autres. Le désir est égal de chaque côté ; car la soif de régner est aussi grande, si elle ne l'est davantage, que celle de la vengeance. Ainsi il ne doit pas donner à ses amis une telle autorité qu'il ne reste plus d'intervalle entre elle et le trône : il faut qu'il laisse au milieu quelque chose à désirer, sinon il est rare qu'il ne lui arrive ce qu'ont éprouvé les princes dont nous avons parlé.

Mais retournons à notre ordre. Puisque ceux qui conspirent doivent être des grands qui jouissent d'un accès facile auprès d'un prince, il faut examiner quels ont été les succès des entreprises de ce genre, et voir par quelles causes elles ont été heureuses ou malheureuses. Ainsi que je l'ai dit plus haut, des dangers s'y rencontrent dans trois moments : dès le début, pendant l'exécution, et après ; aussi en voit-on bien peu qui aient une heureuse issue, parce qu'il est presque impossible de triompher heureusement de ce triple danger.

Et, pour commencer par les dangers qui se présentent les premiers et qui sont les plus importants, je dirai qu'il est indispensable d'y déployer la prudence la plus consommée, et d'être favorisé du sort pour que la conjuration ne soit pas découverte tandis qu'on l'ourdit. On la découvre, ou par révélation, ou par conjecture.

La révélation résulte du peu de fidélité ou du défaut de prudence de ceux à qui vous communiquez vos projets. Le manque de fidélité se rencontre aisément; car vous ne pouvez vous confier ou qu'à quelques confidents disposés par amitié pour vous à affronter tous les dangers d'une mort certaine, ou à des hommes qui soient mécontents du prince. De tels confidents, on peut bien en trouver un ou deux; mais si vous étendez votre confiance sur un plus grand nombre, il est impossible de les trouver. Il faut ensuite que l'affection qu'ils vous portent soit bien grande pour exiger qu'elle l'emporte même sur le péril et sur la crainte du châtiment. D'ailleurs il arrive le plus souvent que les hommes se trompent sur l'amitié qu'ils présument qu'un autre homme a pour eux: ils ne peuvent en être assurés qu'après en avoir fait l'expérience; et faire cette expérience dans une circonstance semblable est une chose qui présente les plus grands dangers. Quand même vous l'auriez faite dans quelque autre entreprise périlleuse où vous auriez acquis la certitude de la fidélité de vos amis, vous ne pouvez la prendre pour mesure de ce qu'ils feront, puisque cette nouvelle entreprise surpasse de si loin tous les autres dangers.

Si l'on mesure la fidélité sur le mécontentement qu'un homme peut avoir contre le prince, il est facile encore de se tromper; car à peine aurez-vous manifesté vos desseins à ce mécontent, que vous lui donnerez l'occasion d'obtenir ce qu'il désire, ou il faut que sa haine soit bien invétérée, ou que votre autorité soit bien grande pour l'obliger à vous garder sa foi. Il résulte que le plus grand nombre des conjurations sont révélées et étouffées dès leur naissance; et, s'il arrive que le secret en soit longtemps gardé par de nombreux complices, on le regarde comme une chose merveilleuse: telles ont été, par exemple, celle de Pison contre Néron, et, de nos jours, celle des Pazzi contre Laurent et Julien de Médicis, conjurations dont plus de cinquante personnes étaient instruites, et que l'exécution seule put faire découvrir.

On se découvre par défaut de prudence, lorsqu'un des conjurés parle avec peu de précaution, et de manière qu'un serviteur ou une tierce personne puisse vous entendre, comme il arriva aux fils de Brutus, qui, lorsqu'ils prenaient leurs mesures avec les envoyés de Tarquin, furent entendus par un esclave qui les accusa ; ou bien quand, par inconséquence, vous communiquez vos projets à une femme, à un enfant que vous aimez, ou à de semblables personnes légères, comme le fit Dinnus, l'un des conjurés de Philotas contre Alexandre le Grand, en dévoilant le complot à Nicomaque, jeune homme qu'il aimait, et qui n'eut rien de plus pressé que de le communiquer à Ciballinus, son frère, qui en instruisit le roi.

Quant aux conspirations découvertes par conjecture, celle de Pison contre Néron en offre un exemple remarquable. Scœvinus, l'un des conjurés, fit son testament la veille du jour où Néron devait être assassiné ; il ordonna à Melichius, son affranchi, d'aiguiser un vieux poignard rouillé qu'il possédait, rendit la liberté à tous ses esclaves, leur distribua de l'argent, et fit préparer des bandes pour lier des blessures. Tous ces indices confirmèrent les soupçons de Melichius, qui accusa son maître devant Néron. Scœvinus fut arrêté soudain avec Natalis, autre conjuré, parce qu'on les avait vus s'entretenir longtemps en secret le jour précédent. Comme ils ne s'accordèrent pas sur l'objet de l'entretien qu'ils avaient eu ensemble, on les força à révéler la vérité, et la découverte de la conjuration entraîna la perte de tous les complices.

Il est donc presque impossible de se préserver de toutes les causes qui font découvrir une conjuration, soit par trahison, soit par imprudence, soit par légèreté, toutes les fois que le nombre des complices s'élève au-delà de trois ou quatre. Si l'on vient à en arrêter plus d'un, comme ils n'ont pu concerter entièrement toutes leurs réponses, leur secret est bientôt découvert. Quand même celui qu'on arrête serait seul et doué d'une force d'âme assez grande pour l'engager à taire le nom des conjurés, il faudrait que ceux-ci n'eussent pas moins de fermeté pour rester tranquilles et ne point se découvrir par la fuite. Il suffit d'un moment de faiblesse de la part de celui qui est arrêté, ou de ceux qui sont libres, pour révéler toute la trame. C'est un fait bien rare que celui que rapporte Tite-Live, en parlant de la conspiration ourdie contre Hiéronyme, tyran de Syracuse : Théodore, un des conjurés, avait été arrêté ; il cacha, avec le plus grand courage, le nom de tous ses complices, et accusa les amis du roi : d'un autre côté, les conjurés eurent une telle confiance dans la fermeté de Théodore, que pas un d'entre eux ne quitta Syracuse, ni ne donna le moindre signe d'inquiétude.

C'est à travers tous ces dangers qu'il faut nécessairement passer, lorsque l'on conspire, avant d'en venir au dénouement, et l'on ne peut les éviter qu'en employant un des moyens suivants. Le premier et le plus assuré, ou, pour mieux dire, l'unique, est de ne pas laisser aux conjurés le temps de vous accuser, en ne les instruisant de vos projets qu'au moment de leur exécution, et jamais auparavant. Tous ceux qui ont agi de cette manière ont évité nécessairement les premiers dangers qu'on court en conspirant ; souvent même ils ont triomphé des deux autres, et presque toujours alors ils ont réussi. Or tout homme prudent aurait la facilité de se conduire ainsi. Je me contenterai d'en rapporter deux exemples.

Nélémate, ne pouvant supporter la tyrannie d'Aristotime, roi d'Épire, rassembla chez lui un grand nombre de parents et d'amis, et les exhorta à délivrer la patrie. Quelques-uns d'entre eux lui ayant demandé du temps pour se décider et pour prendre leurs mesures, Nélémate ordonna à ses esclaves de fermer les portes, et dit à ceux qu'il avait appelés auprès lui : « Ou jurez de venir sur-le-champ terminer notre entreprise, ou je vous livre tous entre les mains d'Aristotime. » Excités par ces paroles, tous prêtent le serment, marchent sans perdre de temps, et exécutent heureusement les ordres de Nélémate.

Un mage s'était emparé par stratagème du trône de Perse : Ortan, l'un des grands du royaume, ayant découvert la ruse, en fit part à six autres principaux seigneurs de l'État, et leur dit qu'il fallait venger la couronne de la tyrannie de ce mage. L'un d'eux ayant demandé du temps, Darius, un des six conjurés appelés par Ortan, se leva et dit : « Ou nous irons immédiatement exécuter notre projet, ou j'irai moi-même vous accuser tous. » Tous se levèrent unanimement ; et, sans donner à aucun d'entre eux le temps de se repentir, ils vinrent aisément à bout de leur entreprise.

La conduite que tinrent les Étoliens pour se défaire de Nabis, tyran de Sparte, est semblable aux deux exemples que nous venons de citer. Ils avaient envoyé à Nabis Alexamène, un de leurs citoyens, avec trente cavaliers et deux cents fantassins, sous prétexte de lui donner du secours : ils ne révélèrent leur secret qu'au seul Alexamène, et ordonnèrent aux autres de lui obéir aveuglément, sous peine d'être exilés. Alexamène se rendit à Sparte, et tint ses ordres secrets jusqu'à ce qu'il eût trouvé une occasion favorable de les mettre à exécution, et il réussit à faire périr le tyran.

C'est donc en agissant de cette manière que ces conjurés évitèrent les dangers que porte en elle la conduite d'une conspiration, et quiconque les imitera saura toujours éviter ces dangers. Pour prouver que chacun peut faire comme eux, je n'en veux d'autre preuve que l'exemple déjà allégué de Pison. C'était un des hommes les plus puissants et les plus illustres de l'empire : il vivait dans l'intimité de Néron, et possédait toute sa confiance ; Néron allait souvent manger avec lui dans ses jardins. Pison pouvait donc se faire des amis d'hommes de cœur et de tête, capables d'une telle entreprise, ce qui n'est jamais difficile quand on a le pouvoir en main, et attendre, pour leur dévoiler ses projets, que Néron vînt dans ses jardins, les encourager alors, par ses discours, à frapper, sans leur laisser le temps de la réflexion, et il était impossible qu'il ne réussît pas.

Si l'on examine avec une égale attention tous les autres complots, il s'en trouvera bien peu que l'on n'eût pu diriger de la même manière. Mais les hommes qui, pour l'ordinaire, ont peu d'expérience des affaires du monde, commettent souvent les fautes les plus dangereuses, ce qui n'a rien d'étonnant dans des affaires aussi insolites. Il ne faut donc jamais manifester ses projets que lorsque la nécessité y contraint, et que le moment d'agir est venu ; mais si pourtant on veut les révéler, que ce ne soit qu'à une seule personne dont on ait fait une longue expérience, ou qui soit animée des mêmes sentiments. Il est sans doute bien plus facile de trouver un seul homme d'un semblable caractère, que d'en rencontrer plusieurs ; voilà pourquoi cette réserve entraîne moins de dangers : d'ailleurs, quand même vous seriez trahi, il reste encore des moyens de défense qui n'existent pas lorsque les conjurés sont nombreux. Aussi ai-je entendu répéter à des hommes prudents que l'on peut dire tout ce qu'on veut dans le tête-à-tête, parce que, tant qu'on ne se laisse point entraîner à donner un écrit de sa propre main, le oui d'un homme vaut bien le non d'un autre ; mais on doit éviter un écrit comme un véritable écueil : un écrit de votre main est la preuve la plus convaincante que l'on puisse produire contre vous.

Plautianus avait formé le projet de faire périr l'empereur Sévère et Antonin son fils : il remit l'exécution de ce projet au tribun Saturninus, qui, déterminé à le dénoncer plutôt qu'à lui obéir, et craignant que le crédit de Plautianus ne permît pas d'ajouter foi à son accusation, exigea de lui un ordre par écrit pour constater sa mission. Plautianus, aveuglé par l'ambition, le lui donna. Le tribun, fort de cette preuve, l'accusa et le convainquit. Sans cet écrit, et quelques autres indices, Plautianus l'eût emporté, tant il mit d'audace et de fermeté dans ses dénégations. L'accusation d'un seul perd donc une partie de sa force lorsqu'elle n'est appuyée d'aucun écrit ou d'aucun autre indice qui vous convainque ; ce que chacun doit soigneusement éviter.

Il se trouvait dans la conjuration de Pison une femme nommée Épicharis, qui jadis avait été maîtresse de Néron. Jugeant qu'il était nécessaire d'admettre au nombre des conjurés le commandant de quelques trirèmes que Néron entretenait pour sa sûreté, elle lui donna connaissance du complot, sans lui dire toutefois les noms des conjurés ; mais cet officier, trahissant la confiance qu'elle lui avait montrée, l'accusa auprès de Néron. Épicharis, sans se laisser effrayer, nia le complot avec tant de constance et de fermeté, que Néron confondu n'osa la condamner.

Il y a deux dangers à courir lorsque l'on communique un complot à un seul individu. L'un, qu'il ne vous dénonce volontairement ; l'autre, qu'arrêté sur un soupçon ou d'après quelque indice, il ne soit convaincu ou contraint par les tourments à devenir votre accusateur. Mais dans ce double péril il est quelque ressource : vous pouvez écarter l'un en alléguant une haine qui subsistait entre vous deux, ou nier tout ce qu'avoue l'autre, en objectant la violence qui arrache le mensonge de sa bouche. Il est donc de la prudence de ne se confier à qui que ce soit, mais d'imiter l'exemple de ceux dont nous avons parlé ; ou si vous croyez devoir dévoiler vos secrets, de ne les confier qu'à un seul ; du moins, si vos dangers s'augmentent par cet aveu, ils sont bien moins grands que si vous vous confiez à plusieurs.

On conspire encore avec un succès à peu près égal quand la nécessité vous contraint à porter au prince le coup dont lui-même vous menace, surtout quand ce danger est tellement imminent que vous n'avez que le temps de songer à votre sûreté : cette nécessité a presque toujours une heureuse issue. Deux exemples suffiront pour prouver ce que j'avance.

L'empereur Commode comptait parmi ses amis les plus intimes et ses plus chers favoris Électus et Lectus, préfets du prétoire, et Marcia était une de ses maîtresses les plus chéries :

comme tous trois lui reprochaient quelquefois sa conduite et le déshonneur dont il couvrait sa personne et l'empire, il résolut de les faire mourir, et il écrivit sur une liste les noms de Marcia, d'Électus, de Lectus, et de quelques autres dont il voulait se défaire la nuit suivante. Il mit cette liste sous le chevet de son lit, et se rendit au bain. Un jeune enfant, son favori, en s'amusant dans la chambre et sur le lit, trouve cette liste, et sort en la tenant à la main : Marcia le rencontre, la lui prend, la lit ; et ayant vu les noms qu'elle contenait, elle envoie sur-le-champ chercher Électus et Lectus : tous trois, épouvantés du péril qui les menace, forment soudain la résolution de le prévenir ; et, sans perdre le temps en de vaines mesures, ils poignardèrent Commode la nuit suivante.

L'empereur Caracalla se trouvait en Mésopotamie à la tête de ses armées ; il avait pour préfet Macrin, homme plus habile dans les affaires civiles que guerrier. Comme il arrive que les méchants princes tremblent sans cesse qu'on ne trame contre eux ce qu'ils s'imaginent mériter, l'empereur écrivit à Maternianus, son ami, qui se trouvait à Rome, de consulter les astrologues, de leur demander si personne n'aspirait à l'empire et de lui faire part de leur réponse. Maternianus lui répondit que c'était Macrin qui y aspirait. Cette lettre tomba entre les mains de Macrin avant d'arriver à l'empereur : elle lui fit connaître la nécessité où il se trouvait, ou de le frapper avant qu'une nouvelle lettre arrivât de Rome, ou de mourir lui-même. Il chargea Martial, centurion qui lui était entièrement dévoué, et dont Caracalla avait fait mourir le frère peu de jours auparavant, d'assassiner l'empereur ; ce qu'il exécuta heureusement.

On voit donc que cette nécessité qui ne laisse pas le moment de réfléchir obtient le même effet que la conduite de l'Épirote Nélémate.

On y voit encore ce que j'ai dit au commencement de ce chapitre, que les menaces font plus de tort aux princes, et les environnent de complots plus dangereux, que les offenses mêmes. Ce sont en effet les menaces qu'un roi doit épargner à ceux qui l'entourent : il lui est nécessaire, ou de flatter les hommes, ou de s'assurer d'eux, et de ne jamais les réduire à la nécessité de croire qu'il faut qu'ils soient tués ou qu'ils tuent.

Quant aux dangers qu'on court au moment de l'exécution, ils naissent, ou d'un changement dans les dispositions, ou d'un moment de faiblesse dans l'exécuteur, ou d'une erreur qu'il commet par imprudence, ou de n'avoir pas mis la dernière main à l'œuvre, en laissant subsister une partie de ceux dont la mort était résolue.

Rien ne jette le trouble dans l'esprit des hommes, rien ne met obstacle à leurs projets, comme de changer subitement une disposition, et de s'écarter entièrement de ce que d'abord on avait arrêté ; et si ces changements font naître quelque part le désordre, c'est surtout à la guerre et dans les événements analogues à ceux dont je parle. Dans les actions de ce genre, rien n'est plus nécessaire que de faire en sorte que les hommes poursuivent avec fermeté l'exécution du rôle qui leur a été confié. Si, pendant plusieurs jours, toutes leurs idées se sont dirigées vers un mode d'exécution, et que cet ordre vienne subitement à changer, il est impossible que tous les esprits ne restent pas plongés dans le trouble, et que le projet ne tombe pas en ruine. De sorte qu'il vaut encore mieux exécuter une entreprise suivant l'ordre prescrit, quand même on y verrait quelque inconvénient, que de s'exposer, pour éviter un danger, à en rencontrer mille plus grands encore ; ce qui arrive lorsqu'on n'a pas le loisir de prendre de nouvelles dispositions ; mais, lorsqu'il a du temps, l'homme peut se gouverner à sa volonté.

La conjuration des Pazzi, contre Laurent et Julien de Médicis, est connue de tout le monde. L'ordre convenu était que les Médicis donneraient à dîner au cardinal de Saint-Georges, et qu'on les poignarderait pendant le repas. On avait distribué à chacun son rôle : les uns devaient les frapper, les autres s'emparer du palais ; ceux-là parcourir la ville en appelant le peuple à la liberté. Il arriva que les Pazzi, les Médicis et le cardinal se trouvant réunis pour une messe solennelle dans la cathédrale de Florence, on apprit que Julien ne se rendrait pas ce jour-là au dîner ; de sorte que les conjurés se rassemblèrent soudain, et résolurent d'exécuter dans l'église ce qu'ils devaient faire dans la maison des Médicis. Les dispositions qu'ils avaient prises se trouvèrent toutes renversées, parce que Jean-Baptiste de Montesecco refusa de concourir à cet assassinat, alléguant qu'il ne pouvait commettre un homicide dans l'église ; de sorte qu'il fallut confier chaque partie de l'exécution à de nouveaux conjurés, qui, n'ayant pas le temps nécessaire pour s'affermir dans leur résolution, commirent de si grandes fautes qu'ils succombèrent dans leur tentative.

Le courage abandonne l'exécuteur, ou par respect ou par lâcheté. La majesté du prince et le respect qu'imprime sa présence sont si puissants, que le meurtrier ce laisse facilement adoucir ou déconcerter. Marius avait été fait prisonnier par les habitants de Minturnes : on envoya un esclave pour l'assassiner ; mais l'assassin, épouvanté par la présence d'un si grand homme et par le souvenir de son nom, perdit tout son courage, et ne put jamais venir à bout de le tuer. Or, si un homme enchaîné, captif, et enseveli dans sa mauvaise fortune, conserve une pareille influence, combien ne doit-on pas craindre qu'elle soit plus puissante encore dans un prince libre et qu'environnent la majesté des ornements royaux et la pompe de sa cour ! Aussi cette pompe peut-elle suffire pour vous faire balancer, comme un accueil gracieux, pour fléchir votre cœur.

Quelques Thraces avaient conspiré contre Siltacès, leur roi, et désigné le jour de l'exécution : ils arrivèrent au lieu marqué, et y trouvèrent le roi ; mais aucun d'eux n'osa s'avancer pour le frapper, de sorte qu'ils se séparèrent sans avoir rien tenté, ignorant ce qui avait pu les retenir, et s'accusant mutuellement de manquer de courage. Ils commirent plusieurs fois la même faute, et leur conjuration ayant enfin été découverte, ils portèrent la peine d'un crime qu'ils auraient pu, mais qu'ils ne voulurent pas commettre.

Deux des frères d'Alphonse, duc de Ferrare, avaient conspiré contre lui : ils employèrent, pour les aider dans leur complot, un prêtre et un musicien du duc, nommé Giannès, qui, à leur prière, conduisit plusieurs fois le prince en leur présence, et les laissa les maîtres de l'assassiner ; néanmoins, aucun d'eux n'osa jamais le frapper. À la fin ils furent découverts, et ils reçurent la récompense de leur scélératesse et de leur imprudence. Cette indécision ne peut être attribuée à une autre cause qu'à l'étonnement que leur imprimait la présence du duc, ou à quelque marque de bonté qui adoucissait leur ressentiment.

L'exécution de ces projets entraîne ordinairement des inconvénients ou des erreurs qui naissent de l'imprudence ou du peu de courage ; car l'une ou l'autre de ces deux causes bouleverse tous les sens, et dans le trouble où elles jettent les esprits, on agit et on parle autrement qu'on ne devrait. Rien ne prouve mieux le trouble et l'agitation qui s'emparent de l'homme en de telles circonstances, que ce que dit Tite-Live d'Alexamène l'Étolien, lorsqu'il voulut se défaire du tyran de Lacédémone, Nabis, dont nous avons déjà parlé. Quand le moment fut arrivé, et qu'il eut découvert à ses compagnons ce qu'ils devaient faire, Tite-Live ajoute ces paroles : *Collegit et ipse animum, confusum tantœ cogitatione rei.* Il est impossible, en effet, que celui-là même qui possède une âme ferme, et qui est accoutumé à employer le fer et à attacher peu d'importance à la vie des hommes, n'éprouve pas de trouble en un pareil moment. Il faut donc ne faire choix que d'hommes éprouvés par de semblables entreprises, et ne se confier à nul autre, quelque réputation de courage qu'il ait ; car, sans en avoir fait l'expérience, personne ne peut assurer qu'il ne faillira pas tout à coup dans ces circonstances extraordinaires. Ainsi ce trouble peut, ou vous faire tomber les armes des mains, ou vous faire proférer des paroles qui produisent le même effet.

Lucilla, sœur de Commode, avait ordonné à Quintianus de le poignarder. Ce dernier attendit l'empereur à l'entrée de l'amphithéâtre, et s'approchant de lui un poignard nu à la main, il lui cria : *Voici ce que t'envoie le sénat.* Ces paroles furent cause qu'on l'arrêta avant qu'il eût pu baisser le bras pour frapper.

Messer Antonio da Volterra, désigné, comme nous l'avons dit plus haut, pour assassiner Laurent de Médicis, s'écria, en s'approchant de lui : *Ah ! traître !* Ce cri sauva Laurent et perdit les conjurés.

Lorsqu'une conjuration ne menace qu'une seule tête, toutes les circonstances que nous avons rapportées peuvent faire encore manquer une entreprise. Mais elle réussit avec bien plus de difficulté encore lorsque l'on conspire contre deux personnes ; il est difficile alors, pour ne pas dire impossible, qu'elle ait une heureuse issue ; car exécuter spontanément et dans deux endroits différents est une chose presque impossible : on ne peut s'y prendre à deux reprises différentes, si l'on ne veut pas que l'une empêche l'autre de réussir.

Si conspirer contre un prince est une entreprise douteuse, périlleuse et imprudente, conspirer contre deux est vain et insensé. Sans le respect que je professe pour l'historien, je ne pourrais croire à la possibilité de ce qu'Hérodien rapporte de Plautianus, qui ordonna au centurion Saturnius de poignarder, lui seul, Sévère et Caracalla, qui habitaient dans des palais différents : c'est une chose si éloignée de la raison, que j'ai besoin d'une semblable autorité pour y ajouter foi.

Quelques jeunes Athéniens conspirèrent contre Dioclès et Hippias, tyrans d'Athènes : ils massacrèrent Dioclès ; mais Hippias survécut pour le venger.

Chion et Léonide, d'Héraclée, disciples de Platon, conspirèrent contre Cléarque et Satyrus, tyrans de leur patrie : ils tuèrent Cléarque ; mais Satyrus, échappé à leurs coups, vengea l'autre tyran. Les Pazzi, dont nous avons eu l'occasion de parler plus d'une fois, ne parvinrent à se défaire que de Julien.

Il faut donc éviter avec soin de conspirer à la fois contre plusieurs personnes ; car on ne sert ni soi-même, ni la patrie, ni ses concitoyens : au contraire, celui qui survit devient plus audacieux et plus cruel, ainsi que Florence, Athènes et Héraclée, dont nous venons de parler, en ont fait l'expérience.

Il est vrai que la conjuration de Pélopidas, pour délivrer Thèbes sa patrie, eut à vaincre toutes les difficultés que nous avons signalées ; et cependant elle eut la plus heureuse issue, quoique Pélopidas conspirât non seulement contre deux tyrans, mais contre dix ; quoiqu'il ne fût pas dans la familiarité des tyrans, et que l'entrée de leur demeure lui fût même interdite, puisqu'il avait été banni comme rebelle : néanmoins il eut la hardiesse de rentrer dans Thèbes, d'immoler les tyrans, et de délivrer sa patrie. Il est vrai qu'il fut puissamment aidé par un certain Carion, conseiller des tyrans, qui lui facilita l'accès auprès d'eux pour l'exécution de son entreprise.

Que cet exemple cependant n'engage personne à l'imiter ; car l'entreprise était impossible, et c'est un miracle qu'elle ait réussi : aussi tous les historiens qui la célèbrent la regardent-ils comme une chose extraordinaire et presque sans exemple.

L'exécution d'un complot peut être interrompue par une fausse imagination ou par un accident imprévu au moment d'agir. Le matin du jour même que Brutus et les autres conjurés avaient choisi pour assassiner César, ils le virent s'entretenir longtemps avec Cn. Popilius Lœna, un de leurs complices. Cette longue conversation leur fit craindre que Popilius n'eût révélé le complot à César, et ils furent au moment de frapper le dictateur sur le lieu même, sans attendre qu'il fût entré dans le sénat : ils auraient sans doute accompli leur dessein si, après que la conversation fut terminée, ils n'avaient pas vu César conserver la même tranquillité ; ce qui les rassura.

Ces fausses terreurs ne sont pas à dédaigner, et la prudence exige que l'on y ait égard. Cette attention est d'autant plus importante que, lorsqu'on a la conscience troublée, on est porté à croire que l'on parle toujours de vous. Un seul mot entendu par hasard, quelque étranger qu'il vous soit, suffit pour jeter l'épouvante dans l'âme, pour faire croire qu'il a été prononcé à votre intention, et vous forcer à manifester vous-même vos projets en vous dérobant au danger par la fuite, ou à les faire échouer en précipitant hors de propos leur exécution. Ces obstacles naissent d'autant plus facilement, que les complices d'une conjuration sont plus nombreux.

Quant aux accidents, comme on ne saurait les prévoir, ce n'est que par des exemples qu'on peut les faire connaître, et enseigner aux hommes à prendre leurs précautions suivant les circonstances.

Giulio Belanti de Sienne, dont nous avons fait mention précédemment, indigné de ce que Pandolfo, après lui avoir donné sa fille en mariage, la lui avait reprise, résolut de le poignarder, et choisit ainsi le moment : Pandolfo allait presque tous les jours visiter un de ses parents malades, et passait devant la maison de Belanti : celui-ci, ayant remarqué cette habitude, disposa les conjurés dans sa maison, de manière à pouvoir tuer Pandolfo à son passage : il les réunit tout armés derrière la porte, et plaça l'un d'eux à une fenêtre, afin que, quand leur ennemi passerait près de la porte, il pût les avertir. Ce dernier, le voyant venir, crut devoir donner le signal ; mais Pandolfo rencontra en ce moment un de ses amis, et s'arrêta pour lui parler. Une partie de ceux qui l'accompagnaient, ayant continué leur chemin, aperçurent quelque mouvement et entendirent le bruit des armes ; ce qui leur fit découvrir l'embûche. C'est ainsi que Pandolfo se sauva, et que Belanti et ses complices se trouvèrent contraints de s'échapper de Sienne.

Une rencontre imprévue mit donc seule obstacle à ce complot, et renversa tous les projets de Belanti. Mais, comme ces événements sortent de l'ordre commun, il est impossible de s'en garantir. Il est donc nécessaire d'examiner tous ceux qui peuvent naître, afin d'y remédier.

Il ne reste plus maintenant qu'à faire connaître les périls que l'on court après l'exécution. Il n'y en a véritablement qu'un seul : c'est lorsqu'il reste un vengeur au prince qui vient d'être immolé. Des frères, des enfants, des parents peuvent lui survivre, qui ont des droits à sa succession ; et ils lui survivent ou par votre négligence, ou par les causes que nous avons indiquées ; ils se chargent alors de la vengeance : comme il arriva à Giovannandrea da Lampugnano, qui, aidé de ses complices, avait fait mourir le duc de Milan; mais il restait à ce prince un fils et deux frères qui eurent le temps de le venger. Il est vrai que dans ce cas les conjurés sont excusables; car il n'y a pas de remède; mais quand ils laissent subsister un vengeur par imprudence ou par négligence, c'est alors qu'ils ne méritent plus d'excuse.

Quelques habitants de Forli conspirèrent contre le comte Girolamo, leur seigneur, et le massacrèrent; ils s'emparèrent de sa femme et de ses fils en bas âge; mais ne se croyant point en sûreté tant qu'ils ne seraient pas maîtres de la citadelle, et le gouverneur refusant de la leur livrer, madame Caterina, c'est ainsi que se nommait la comtesse, promit aux conjurés de la leur faire rendre s'ils lui permettaient d'y pénétrer, et elle consentit à leur laisser ses enfants en otage. Séduits par cette promesse, les conjurés lui permirent de se rendre dans la citadelle; mais à peine y était-elle entrée, qu'elle leur reprocha, de dessus les remparts, la mort de son mari, et les menaça de toute sa vengeance. Et, pour leur faire voir le peu d'intérêt qu'elle attachait au sort de ses enfants, elle leur montra ses parties génitales, en leur disant qu'il lui restait encore de quoi en faire de nouveaux. Les conjurés, ne sachant plus quel parti prendre, et s'apercevant trop tard de leur erreur, expièrent leur imprudence par un exil perpétuel.

Mais ce qu'il y a de plus dangereux après l'exécution, c'est que le prince que vous avez immolé ait été chéri du peuple: en effet, les conjurés n'ont aucune manière de remédier à ce danger, parce qu'ils ne peuvent jamais s'assurer contre tout un peuple. César nous en fournit une preuve évidente: il avait pour ami tout le peuple romain, et le peuple vengea sa mort en chassant de Rome les conjurés; de sorte que tous périrent à diverses époques et dans différents lieux.

Les complots formés contre la patrie offrent bien moins de périls pour les conjurés que ceux qui sont dirigés contre un prince. Il y a, en effet, beaucoup moins de danger à les tramer: ces dangers dans l'exécution sont les mêmes; mais après l'exécution, il n'en reste plus aucun.

Il existe peu de dangers à tramer une conjuration de ce genre, parce qu'un citoyen peut aspirer à la suprême puissance sans manifester ses désirs et ses projets à qui que ce soit; et si ses desseins n'éprouvent point d'entraves, il peut parvenir heureusement à son but; mais, si quelque loi venait interrompre ses dispositions, il pourrait attendre du temps un moment plus favorable, ou tenter une autre fois de réussir en prenant une route différente. Je ne parle ici que d'une république où la corruption des mœurs commence à s'introduire; car dans une république non corrompue, comme il n'existe aucun principe vicieux, de semblables pensées ne peuvent naître dans l'esprit d'un de ses citoyens.

Un citoyen a donc mille moyens et mille chemins pour parvenir à la tyrannie, sans crainte d'être arrêté dans sa marche, tant parce que les républiques se hâtent moins qu'un prince, soupçonnent plus difficilement le mal, et sont par conséquent moins environnées de précautions, que parce qu'elles ont plus d'égards pour leurs citoyens élevés en rang; ce qui rend ces derniers plus audacieux et plus entreprenants.

Tout le monde a lu la conjuration de Catilina écrite par Salluste, et sait comment, après qu'elle fut découverte, Catilina non seulement demeura dans Rome, mais se rendit au milieu du sénat, et y accabla impunément d'injures et les sénateurs et le consul, tant était puissant le respect que cette république avait pour ses citoyens. Lorsqu'il se fut éloigné de Rome, et qu'il eut rejoint son armée, on n'aurait arrêté ni Lentulus ni ses autres complices, si l'on n'avait saisi des lettres de leur propre main, qui manifestaient ouvertement leur crime.

Hannon, l'un des citoyens de Carthage les plus puissants, aspirait à la tyrannie; il avait formé le projet d'empoisonner tout le sénat aux noces d'une de ses filles, et ensuite de se déclarer roi: ce complot ayant été découvert, le sénat n'y opposa d'autre défense qu'une loi qui mettait un terme aux dépenses des festins et des noces; tant fut grand le respect qu'il crut devoir à sa qualité de citoyen.

Il est bien vrai que dans l'exécution d'un complot qui menace la patrie les périls sont plus grands et plus difficiles à surmonter, parce qu'il est bien rare que vos propres forces puissent suffire lorsque vous conspirez contre l'immense majorité. Tout le monde n'est point à la tête d'une armée, comme César, Agathocle, Cléomène, et quelques autres, que la force a rendus en un instant maîtres de leur patrie. Pour ceux-là sans doute le chemin est sûr et facile; mais ceux qui ne sont point appuyés par des forces semblables doivent employer une conduite pleine d'art et de ruse, ou les forces de l'étranger.

Quant à la ruse et à l'industrie, l'Athénien Pisistrate ayant vaincu les Mégariens, et acquis par cette victoire une grande popularité, sortit un jour de sa maison couvert de blessures, s'écriant que les nobles, excités par leur jalousie contre lui, l'avaient outragé. Il demanda à pouvoir mener à sa suite quelques hommes armés pour sa garde. Cette première faveur lui servit de degré pour parvenir au faîte de la puissance, et usurper la tyrannie d'Athènes.

Pandolfo Petrucci était rentré dans Sienne avec quelques bannis : on lui confia le soin de veiller sur la garde de la place, emploi entièrement machinal et que chacun refusait ; néanmoins les soldats dont il était sans cesse entouré lui donnèrent peu à peu une telle influence, que quelque temps après il s'empara de la souveraineté de la ville.

Une foule d'autres ont employé des ruses et des moyens différents ; et avec les secours du temps ils sont parvenus sans danger au terme de leurs vœux.

Ceux qui, appuyés sur leurs propres forces ou sur les armes de l'étranger, ont conspiré pour asservir leur patrie, ont eu des succès divers, selon que la fortune les a secondés. Catilina, que nous avons déjà cité, succomba dans son entreprise ; Hannon, dont il a été parlé, n'ayant pu réussir par le poison, arma quelques milliers de partisans en sa faveur ; mais lui et tous les siens ne trouvèrent que la mort. Quelques-uns des principaux citoyens de Thèbes, dans la vue de se rendre maîtres du gouvernement, appelèrent à leur secours une armée lacédémonienne, et s'emparèrent de la tyrannie.

Si l'on examine donc toutes les conspirations ourdies contre la patrie, on n'en trouvera que très peu, si même on en trouve, que l'on ait étouffées au moment où on les tramait ; mais c'est dans l'exécution que toutes ont réussi ou qu'elles ont échoué.

Lorsqu'elles ont réussi, les dangers qu'elles entraînent à leur suite ne sont encore que ceux attachés au pouvoir lui-même ; car lorsqu'un citoyen est devenu tyran, il se voit environné de tous les périls qui sont les fruits naturels de la tyrannie, et dont il ne peut se défendre qu'en employant les remèdes que nous avons indiqués ci-dessus.

Voilà tout ce qui s'est offert à mon esprit en écrivant sur les conjurations ; et si je n'ai parlé que de celles où l'on a employé le fer et non le poison, c'est que toutes deux suivent également la même marche. Il est vrai que celles où l'on use du poison sont plus dangereuses, parce que le succès en est moins assuré : chacun n'est pas à portée de l'employer ; il faut se confier à quelqu'un qui en ait la facilité ; et c'est cette nécessité de vous confier à autrui qui vous met en péril. D'ailleurs, il peut se faire, par mille circonstances, qu'un breuvage empoisonné ne soit pas mortel. C'est ce qui arriva à ceux qui tuèrent Commode : on lui avait donné du poison ; mais l'ayant rejeté, les conjurés furent contraints de l'étrangler pour lui arracher la vie.

Les princes, au surplus, n'ont pas d'ennemis plus terribles que les conjurations, puisque toutes les fois que l'on conspire contre eux, ou ils perdent la vie, ou leur réputation est compromise. En effet, si elles réussissent, ils meurent ; si elles sont découvertes, et qu'ils fassent périr les conjurés, on ne peut empêcher de croire qu'elles n'aient été inventées par eux pour assouvir leur cruauté et leur avarice aux dépens de la vie et des richesses de ceux auxquels ils ont ravi le jour.

Je ne veux pas manquer cependant d'avertir le prince, ou la république, contre lesquels on conspire, et qui découvrent une conjuration, d'avoir le plus grand soin, avant de rien tenter pour se venger, d'en examiner et d'en approfondir attentivement toutes les circonstances, de bien peser les ressources des conjurés et les leurs ; et, s'ils les trouvent nombreuses et puissantes, de feindre de l'ignorer jusqu'à ce qu'ils aient pu réunir des forces suffisantes pour l'étouffer. S'ils agissaient différemment, ils ne manifesteraient que leur faiblesse. Ils doivent donc mettre tout leur art à dissimuler, parce que si les conjurés viennent à être découverts, poussés alors par la nécessité, ils ne mettent plus de ménagements dans leur conduite.

Les Romains nous serviront ici d'exemple. Ils avaient laissé deux légions à Capoue pour défendre cette ville contre les Samnites, ainsi que nous l'avons dit ailleurs : les chefs de ces légions formèrent le complot d'asservir les habitants. Ce projet étant parvenu jusqu'à Rome, on envoya le nouveau consul Rutilius pour rétablir l'ordre. Le consul, pour ne point éveiller les soupçons, fit publier que le sénat maintenait les deux légions en garnison à Capoue. Dans cette persuasion, les soldats crurent qu'ils auraient tout le temps nécessaire pour exécuter leur complot, et ils ne tentèrent pas d'en précipiter l'exécution : ils restèrent paisibles jusqu'au moment où ils commencèrent à s'apercevoir que le consul les séparait les uns des autres. Cette conduite leur inspira des soupçons ; ils manifestèrent alors leurs projets, et les mirent à exécution.

On voit, par cet exemple frappant, combien les hommes sont lents à se décider lorsqu'ils croient avoir le temps pour eux, et combien leur résolution est précipitée lorsque la nécessité les presse. Un prince ou une république, qui, pour son avantage, veut différer de découvrir une conspiration, ne peut employer un moyen plus propice que de laisser entrevoir avec adresse aux conjurés une occasion prochaine de pouvoir se déclarer, afin qu'en attendant ce moment favorable, ou s'imaginant avoir du temps devant eux, ils donnent à l'un ou à l'autre le temps de les châtier.

Quiconque agit différemment ne fait qu'accélérer sa perte ; comme le prouve l'exemple du duc d'Athènes et de Guillaume de Pazzi. Le duc, devenu tyran de Florence, apprend que l'on conspire contre lui ; aussitôt, et sans autre examen, il fait saisir un des conjurés ; conduite imprudente, qui détermina les autres complices à prendre les armes et à lui arracher le pouvoir.

En 1501, Guillaume avait été nommé commissaire de la république dans la Valdichiana, quand il apprit qu'il venait de se tramer dans Arezzo un complot en faveur des Vitelli, pour arracher cette ville des mains des Florentins. Il se transporte aussitôt dans Arezzo, et, sans examiner ni les forces des conjurés ni les siennes, sans se précautionner d'aucun appui, mais guidé seulement par les conseils de l'évêque, son fils, il fait saisir un des conspirateurs. Cette arrestation met aussitôt les armes à la main aux autres conjurés : ils délivrent la ville du joug des Florentins ; et Guillaume, de commissaire, se trouve prisonnier.

Mais quand une conspiration est faible, on peut et l'on doit la réprimer sans balancer. On ne doit en aucune manière imiter la conduite opposée qui fut suivie dans les deux circonstances suivantes : le duc d'Athènes, dont nous avons déjà parlé, jaloux de montrer qu'il se croyait sûr de l'affection des Florentins, fit mourir un citoyen qui lui avait révélé une conspiration ; d'un autre côté, Dion de Syracuse, voulant connaître les sentiments d'une personne sur laquelle il avait conçu des soupçons, consentit à ce que Calippus, qui possédait toute sa confiance, feignit de conspirer contre lui.

Tous deux eurent à se repentir de leur conduite. Le premier ôta le courage aux accusateurs, et l'inspira à ceux qui voulaient conspirer; le dernier facilita sa propre ruine, et il fut pour ainsi dire le chef de la conjuration qui le menaçait, comme l'expérience le prouve : en effet, Calippus, pouvant sans soupçon conspirer contre Dion, ourdit sa trame de manière qu'il put lui arracher le pouvoir et la vie.

Jean de La Bruyère

« La cour est comme un édifice bâti de marbre: composée d'hommes fort durs, mais fort polis »

1687

De la cour

1 (I)

Le reproche en un sens le plus honorable que l'on puisse faire à un homme, c'est de lui dire qu'il ne sait pas la cour : il n'y a sorte de vertus qu'on ne rassemble en lui par ce seul mot.

2 (I)

Un homme qui sait la cour est maître de son geste, de ses yeux et de son visage ; il est profond, impénétrable ; il dissimule les mauvais offices, sourit à ses ennemis, contraint son humeur, déguise ses passions, dément son cœur, parle, agit contre ses sentiments. Tout ce grand raffinement n'est qu'un vice, que l'on appelle fausseté, quelquefois aussi inutile au courtisan pour sa fortune, que la franchise, la sincérité et la vertu.

3 (IV)

Qui peut nommer de certaines couleurs changeantes, et qui sont diverses selon les divers jours dont on les regarde ? de même, qui peut définir la cour ?

4 (IV)

Se dérober à la cour un seul moment, c'est y renoncer : le courtisan qui l'a vue le matin la voit le soir pour la reconnaître le lendemain, ou afin que lui-même y soit connu.

5 (IV)

L'on est petit à la cour, et quelque vanité que l'on ait, on s'y trouve tel ; mais le mal est commun, et les grands mêmes y sont petits.

6 (I)

La province est l'endroit d'où la cour, comme dans son point de vue, paraît une chose admirable : si l'on s'en approche, ses agréments diminuent, comme ceux d'une perspective que l'on voit de trop près.

7 (I)
L'on s'accoutume difficilement à une vie qui se passe dans une antichambre, dans des cours, ou sur l'escalier.

8 (VII)
La cour ne rend pas content; elle empêche qu'on ne le soit ailleurs.

9 (I)
Il faut qu'un honnête homme ait tâté de la cour: il découvre en y entrant comme un nouveau monde qui lui était inconnu, où il voit régner également le vice et la politesse, et où tout lui est utile, le bon et le mauvais.

10 (VI)
La cour est comme un édifice bâti de marbre: je veux dire qu'elle est composée d'hommes fort durs, mais fort polis.

11 (I)
L'on va quelquefois à la cour pour en revenir, et se faire par là respecter du noble de sa province, ou de son diocésain.

12 (I)
Le brodeur et le confiseur seraient superflus, et ne feraient qu'une montre inutile, si l'on était modeste et sobre: les cours seraient désertes, et les rois presque seuls, si l'on était guéri de la vanité et de l'intérêt. Les hommes veulent être esclaves quelque part, et puiser là de quoi dominer ailleurs. Il semble qu'on livre en gros aux premiers de la cour l'air de hauteur, de fierté et de commandement, afin qu'ils le distribuent en détail dans les provinces: Ils font précisément comme on leur fait, vrais singes de la royauté.

13 (I)
Il n'y a rien qui enlaidisse certains courtisans comme la présence du prince: à peine les puis-je reconnaître à leurs visages; leurs traits sont altérés, et leur contenance est avilie. Les gens fiers et

superbes sont les plus défaits, car ils perdent plus du leur; celui qui est honnête et modeste s'y soutient mieux: il n'a rien à réformer.

14 (I)

L'air de cour est contagieux: il se prend à V**, comme l'accent normand à Rouen ou à Falaise; on l'entrevoit en des fourriers, en de petits contrôleurs, et en des chefs de fruiterie: l'on peut avec une portée d'esprit fort médiocre y faire de grands progrès. Un homme d'un génie élevé et d'un mérite solide ne fait pas assez de cas de cette espèce de talent pour faire son capital de l'étudier et se le rendre propre; il l'acquiert sans réflexion, et il ne pense point à s'en défaire.

15 (IV)

N** arrive avec grand bruit; il écarte le monde, se fait faire place; il gratte, il heurte presque; il se nomme: on respire, et il n'entre qu'avec la foule.

16 (I)

Il y a dans les cours des apparitions de gens aventuriers et hardis, d'un caractère libre et familier, qui se produisent eux-mêmes, protestent qu'ils ont dans leur art toute l'habileté qui manque aux autres, et qui sont crus sur leur parole. Ils profitent cependant de l'erreur publique, ou de l'amour qu'ont les hommes pour la nouveauté: ils percent la foule, et parviennent jusqu'à l'oreille du prince, à qui le courtisan les voit parler, pendant qu'il se trouve heureux d'en être vu. Ils ont cela de commode pour les grands qu'ils en sont soufferts sans conséquence, et congédiés de même: alors ils disparaissent tout à la fois riches et décrédités, et le monde qu'ils viennent de tromper est encore prêt d'être trompé par d'autres.

17 (IV)

Vous voyez des gens qui entrent sans saluer que légèrement, qui marchent des épaules, et qui se rengorgent comme une femme: ils vous interrogent sans vous regarder; ils parlent d'un ton élevé, et qui marque qu'ils se sentent au-dessus de ceux qui se trouvent présents; ils s'arrêtent, et on les entoure; ils ont la parole, président au cercle, et persistent dans cette hauteur ridicule et contrefaite, jusqu'à ce qu'il survienne un grand, qui, la faisant tomber tout d'un coup par sa présence, les réduise à leur naturel, qui est moins mauvais.

18 (IV)

Les cours ne sauraient se passer d'une certaine espèce de courtisans, hommes flatteurs, complaisants, insinuants, dévoués aux femmes, dont ils ménagent les plaisirs, étudient les faibles et flattent toutes les passions : ils leur soufflent à l'oreille des grossièretés, leur parlent de leurs maris et de leurs amants dans les termes convenables, devinent leurs chagrins, leurs maladies, et fixent leurs couches. Ils font les modes, raffinent sur le luxe et sur la dépense, et apprennent à ce sexe de prompts moyens de consumer de grandes sommes en habits, en meubles et en équipages ; ils ont eux-mêmes des habits où brillent l'invention et la richesse, et ils n'habitent d'anciens palais qu'après les avoir renouvelés et embellis ; ils mangent délicatement et avec réflexion ; il n'y a sorte de volupté qu'ils n'essayent, et dont ils ne puissent rendre compte. Ils doivent à eux-mêmes leur fortune, et ils la soutiennent avec la même adresse qu'ils l'ont élevée. Dédaigneux et fiers, ils n'abordent plus leurs pareils, ils ne les saluent plus ; ils parlent où tous les autres se taisent, entrent, pénètrent en des endroits et à des heures où les grands n'osent se faire voir : ceux-ci, avec de longs services, bien des plaies sur le corps, de beaux emplois ou de grandes dignités, ne montrent pas un visage si assuré, ni une contenance si libre. Ces gens ont l'oreille des plus grands princes, sont de tous leurs plaisirs et de toutes leurs fêtes, ne sortent pas du Louvre ou du Château, où ils marchent et agissent comme chez eux et dans leur domestique, semblent se multiplier en mille endroits, et sont toujours les premiers visages qui frappent les nouveaux venus à une cour ; ils embrassent, ils sont embrassés ; ils rient, ils éclatent, ils sont plaisants, ils font des contes : personnes commodes, agréables, riches, qui prêtent, et qui sont sans conséquence.

19 (V)

Ne croirait-on pas de Cimon et de Clitandre qu'ils sont seuls chargés des détails de tout l'État, et que seuls aussi ils en doivent répondre ? L'un a du moins les affaires de terre, et l'autre les maritimes. Qui pourrait les représenter exprimerait l'empressement, l'inquiétude, la curiosité, l'activité, saurait peindre le mouvement. On ne les a jamais vus assis, jamais fixes et arrêtés : qui même les a vus marcher ? on les voit courir, parler en courant, et vous interroger sans attendre de réponse. Ils ne viennent d'aucun endroit, ils ne vont nulle part : ils passent et ils repassent. Ne les retardez pas dans leur course précipitée, vous démonteriez leur machine ; ne leur faites pas de questions, ou donnez-leur du moins le temps de respirer et de se ressouvenir qu'ils n'ont nulle affaire, qu'ils peuvent demeurer avec vous et longtemps, vous suivre même où il vous plaira de les emmener.

Ils ne sont pas les Satellites de Jupiter, je veux dire ceux qui pressent et qui entourent le prince, mais ils l'annoncent et le précèdent ; ils se lancent impétueusement dans la foule des courtisans ; tout ce qui se trouve sur leur passage est en péril. Leur profession est d'être vus et revus, et ils ne se couchent jamais sans s'être acquittés d'un emploi si sérieux, et si utile à la république. Ils sont au reste instruits à fond de toutes les nouvelles indifférentes, et ils savent à la cour tout ce que l'on peut y ignorer ; il ne leur manque aucun des talents nécessaires pour s'avancer médiocrement.

Gens néanmoins éveillés et alertes sur tout ce qu'ils croient leur convenir, un peu entreprenants, légers et précipités. Le dirai-je ? ils portent au vent, attelés tous deux au char de la Fortune, et tous deux fort éloignés de s'y voir assis.

20 (IV)

Un homme de la cour qui n'a pas un assez beau nom, doit l'ensevelir sous un meilleur ; mais s'il l'a tel qu'il ose le porter, il doit alors insinuer qu'il est de tous les noms le plus illustre, comme sa maison de toutes les maisons la plus ancienne : il doit tenir aux Princes Lorrains, aux Rohans, aux Chastillons, aux Montmorencis, et, s'il se peut, aux Princes Du Sang ; ne parler que de ducs, de cardinaux et de ministres ; faire entrer dans toutes les conversations ses aïeuls paternels et maternels, et y trouver place pour l'oriflamme et pour les croisades ; avoir des salles parées d'arbres généalogiques, d'écussons chargés de seize quartiers, et de tableaux de ses ancêtres et des alliés de ses ancêtres ; se piquer d'avoir un ancien château à tourelles, à créneaux et à mâchicoulis ; dire en toute rencontre : ma race, ma branche, mon nom et mes armes ; dire de celui-ci qu'il n'est pas homme de qualité ; de celle-là, qu'elle n'est pas demoiselle ; ou si on lui dit qu'Hyacinthe a eu le gros lot, demander s'il est gentilhomme. Quelques-uns riront de ces contre-temps, mais il les laissera rire ; d'autres en feront des contes, et il leur permettra de conter : il dira toujours qu'il marche après la maison régnante ; et à force de le dire, il sera cru.

21 (IV)

C'est une grande simplicité que d'apporter à la cour la moindre roture, et de n'y être pas gentilhomme.

22 (VI)

L'on se couche à la cour et l'on se lève sur l'intérêt ; c'est ce que l'on digère le matin et le soir, le jour et la nuit. C'est ce qui fait que l'on pense, que l'on parle, que l'on se tait, que l'on agit ; c'est dans cet esprit qu'on aborde les uns et qu'on néglige les autres, que l'on monte et que l'on descend ; c'est sur cette règle que l'on mesure ses soins, ses complaisances, son estime, son indifférence, son mépris. Quelques pas que quelques-uns fassent par vertu vers la modération et la sagesse, un premier mobile d'ambition les emmène avec les plus avares, les plus violents dans leurs désirs et les plus ambitieux : quel moyen de demeurer immobile où tout marche, où tout se remue, et de ne pas courir où les autres courent ? On croit même être responsable à soi-même de son élévation et de sa fortune : celui qui ne l'a point faite à la cour est censé ne l'avoir pas dû faire, on n'en appelle pas.

Cependant s'en éloignera-t-on avant d'en avoir tiré le moindre fruit, ou persistera-t-on à y demeurer sans grâces et sans récompenses ? question si épineuse, si embarrassée, et d'une si pénible décision, qu'un nombre infini de courtisans vieillissent sur le oui et sur le non, et meurent dans le doute.

23 (VI)

Il n'y a rien à la cour de si méprisable et de si indigne qu'un homme qui ne peut contribuer en rien à notre fortune : je m'étonne qu'il ose se montrer.

24 (IV)

Celui qui voit loin derrière soi un homme de son temps et de sa condition, avec qui il est venu à la cour la première fois, s'il croit avoir une raison solide d'être prévenu de son propre mérite et s'estimer davantage que cet autre qui est demeuré en chemin, ne se souvient plus de ce qu'avant sa faveur il pensait de soi-même et de ceux qui l'avaient devancé.

25 (I)
C'est beaucoup tirer de notre ami, si, ayant monté à une grande faveur, il est encore un homme de notre connaissance.

26 (IV)
Si celui qui est en faveur ose s'en prévaloir avant qu'elle lui échappe, s'il se sert d'un bon vent qui souffle pour faire son chemin, s'il a les yeux ouverts sur tout ce qui vaque, poste, abbaye, pour les demander et les obtenir, et qu'il soit muni de pensions, de brevets et de survivances, vous lui reprochez son avidité et son ambition; vous dites que tout le tente, que tout lui est propre, aux siens, à ses créatures, et que par le nombre et la diversité des grâces dont il se trouve comblé, lui seul a fait plusieurs fortunes. Cependant qu'a-t-il dû faire?

Si j'en juge moins par vos discours que par le parti que vous auriez pris vous-même en pareille situation, c'est qu'il a fait.

L'on blâme les gens qui font une grande fortune pendant qu'ils en ont les occasions, parce que l'on désespère, par la médiocrité de la sienne, d'être jamais en état de faire comme eux, et de s'attirer ce reproche. Si l'on était à portée de leur succéder, l'on commencerait à sentir qu'ils ont moins de tort, et l'on serait plus retenu, de peur de prononcer d'avance sa condamnation.

27 (IV)
Il ne faut rien exagérer, ni dire des cours le mal qui n'y est point: l'on n'y attente rien de pis contre le vrai mérite que de le laisser quelquefois sans récompense; on ne l'y méprise pas toujours, quand on a pu une fois le discerner; on l'oublie, et c'est là où l'on sait parfaitement ne faire rien, ou faire très peu de chose, pour ceux que l'on estime beaucoup.

28 (V)
Il est difficile à la cour que de toutes les pièces que l'on emploie à l'édifice de sa fortune, il n'y en ait quelqu'une qui porte à faux: l'un de mes amis qui a promis de parler ne parle point; l'autre parle mollement; il échappe à un troisième de parler contre mes intérêts et contre ses intentions; à celui-là manque la bonne volonté, à celui-ci l'habileté et la prudence; tous n'ont pas assez de plaisir à me voir heureux pour contribuer de tout leur pouvoir à me rendre tel.

Chacun se souvient assez de tout ce que son établissement lui a coûté à faire, ainsi que des secours qui lui en ont frayé le chemin ; on serait même assez porté à justifier les services qu'on a reçus des uns par ceux qu'en de pareils besoins on rendrait aux autres, si le premier et l'unique soin qu'on a après sa fortune faite n'était pas de songer à soi.

29 (VII) Les courtisans n'emploient pas ce qu'ils ont d'esprit, d'adresse et de finesse pour trouver les expédients d'obliger ceux de leurs amis qui implorent leur secours, mais seulement pour leur trouver des raisons apparentes, de spécieux prétextes, ou ce qu'ils appellent une impossibilité de le pouvoir faire ; et ils se persuadent d'être quittes par là en leur endroit de tous les devoirs de l'amitié ou de la reconnaissance.

(VI) Personne à la cour ne veut entamer ; on s'offre d'appuyer, parce que, jugeant des autres par soi-même, on espère que nul n'entamera, et qu'on sera ainsi dispensé d'appuyer : c'est une manière douce et polie de refuser son crédit, ses offices et sa médiation à qui en a besoin.

30 (I)
Combien de gens vous étouffent de caresses dans le particulier, vous aiment et vous estiment, qui sont embarrassés de vous dans le public, et qui, au lever ou à la messe, évitent vos yeux et votre rencontre ! Il n'y a qu'un petit nombre de courtisans qui, par grandeur, ou par une confiance qu'ils ont d'eux-mêmes, osent honorer devant le monde le mérite qui est seul et dénué de grands établissements.

31 (IV)
Je vois un homme entouré et suivi ; mais il est en place. J'en vois un autre que tout le monde aborde ; mais il est en faveur. Celui-ci est embrassé et caressé, même des grands ; mais il est riche. Celui-là est regardé de tous avec curiosité, on le montre du doigt ; mais il est savant et éloquent. J'en découvre un que personne n'oublie de saluer ; mais il est méchant. Je veux un homme qui soit bon, qui ne soit rien davantage, et qui soit recherché.

32 (V)

Vient-on de placer quelqu'un dans un nouveau poste, c'est un débordement de louanges en sa faveur, qui inonde les cours et la chapelle, qui gagne l'escalier, les salles, la galerie, tout l'appartement : on en a au-dessus des yeux, on n'y tient pas. Il n'y a pas deux voix différentes sur ce personnage ; l'envie, la jalousie parlent comme l'adulation ; tous se laissent entraîner au torrent qui les emporte, qui les force de dire d'un homme ce qu'ils en pensent ou ce qu'ils n'en pensent pas, comme de louer souvent celui qu'ils ne connaissent point. L'homme d'esprit, de mérite ou de valeur devient en un instant un génie du premier ordre, un héros, un demi-dieu. Il est si prodigieusement flatté dans toutes les peintures que l'on fait de lui, qu'il paraît difforme près de ses portraits ; il lui est impossible d'arriver jamais jusqu'où la bassesse et la complaisance viennent de le porter : il rougit de sa propre réputation. Commence-t-il à chanceler dans ce poste où on l'avait mis, tout le monde passe facilement à un autre avis ; en est-il entièrement déchu, les machines qui l'avaient guindé si haut par l'applaudissement et les éloges sont encore toutes dressées pour le faire tomber dans le dernier mépris : je veux dire qu'il n'y en a point qui le dédaignent mieux, qui le blâment plus aigrement, et qui en disent plus de mal, que ceux qui s'étaient comme dévoués à la fureur d'en dire du bien.

33 (VII)

Je crois pouvoir dire d'un poste éminent et délicat qu'on y monte plus aisément qu'on ne s'y conserve.

34 (VII)

L'on voit des hommes tomber d'une haute fortune par les mêmes défauts qui les y avaient fait monter.

35 (VIII)

Il y a dans les cours deux manières de ce que l'on appelle congédier son monde ou se défaire des gens : se fâcher contre eux, ou faire si bien qu'ils se fâchent contre vous et s'en dégoûtent.

36 (IV)

L'on dit à la cour du bien de quelqu'un pour deux raisons : la première, afin qu'il apprenne que nous disons du bien de lui ; la seconde, afin qu'il en dise de nous.

37 (I)
Il est aussi dangereux à la cour de faire les avances, qu'il est embarrassant de ne les point faire.

38 (I)
Il y a des gens à qui ne connaître point le nom et le visage d'un homme est un titre pour en rire et le mépriser. Ils demandent qui est cet homme ; ce n'est ni Rousseau, ni un Fabry, ni la Couture : ils ne pourraient le méconnaître.

39 (I)
L'on me dit tant de mal de cet homme, et j'y en vois si peu, que je commence à soupçonner qu'il n'ait un mérite importun qui éteigne celui des autres.

40 (I)
Vous êtes homme de bien, vous ne songez ni à plaire ni à déplaire aux favoris, uniquement attaché à votre maître et à votre devoir : vous êtes perdu.

41 (IV)
On n'est point effronté par choix, mais par complexion ; c'est un vice de l'être, mais naturel : celui qui n'est pas né tel est modeste, et ne passe pas aisément de cette extrémité à l'autre ; c'est une leçon assez inutile que de lui dire : « Soyez effronté, et vous réussirez » ; une mauvaise imitation ne lui profiterait pas, et le ferait échouer. Il ne faut rien de moins dans les cours qu'une vraie et naïve impudence pour réussir.

42 (IV)
On cherche, on s'empresse, on brigue, on se tourmente, on demande, on est refusé, on demande et on obtient ; « mais, dit-on, sans l'avoir demandé, et dans le temps que l'on n'y pensait pas, et que l'on songeait même à toute autre chose » : vieux style, menterie innocente, et qui ne trompe personne.

43 (V)
On fait sa brigue pour parvenir à un grand poste, on prépare toutes ses machines, toutes les mesures sont bien prises, et l'on

doit être servi selon ses souhaits ; les uns doivent entamer, les autres appuyer ; l'amorce est déjà conduite, et la mine prête à jouer : alors on s'éloigne de la cour. Qui oserait soupçonner d'Artémon qu'il ait pensé à se mettre dans une si belle place, lorsqu'on le tire de sa terre ou de son gouvernement pour l'y faire asseoir ? Artifice grossier, finesses usées, et dont le courtisan s'est servi tant de fois, que, si je voulais donner le change à tout le public et lui dérober mon ambition, je me trouverais sous l'œil et sous la main du prince, pour recevoir de lui la grâce que j'aurais recherchée avec le plus d'emportement.

44 (V)

Les hommes ne veulent pas que l'on découvre les vues qu'ils ont sur leur fortune, ni que l'on pénètre qu'ils pensent à une telle dignité, parce que, s'ils ne l'obtiennent point, il y a de la honte, se persuadent-ils, à être refusés ; et s'ils y parviennent, il y a plus de gloire pour eux d'en être crus dignes par celui qui la leur accorde, que de s'en juger dignes eux-mêmes par leurs brigues et par leurs cabales : ils se trouvent parés tout à la fois de leur dignité et de leur modestie.

Quelle plus grande honte y a-t-il d'être refusé d'un poste que l'on mérite, ou d'y être placé sans le mériter ?

Quelques grandes difficultés qu'il y ait à se placer à la cour, il est encore plus âpre et plus difficile de se rendre digne d'être placé.

Il coûte moins à faire dire de soi : « Pourquoi a-t-il obtenu ce poste ? » qu'à faire demander : « Pourquoi ne l'a-t-il pas obtenu ? »

L'on se présente encore pour les charges de ville, l'on postule une place dans l'Académie française, l'on demandait le consulat : quelle moindre raison y aurait-il de travailler les premières années de sa vie à se rendre capable d'un grand emploi, et de demander ensuite, sans nul mystère et sans nulle intrigue, mais ouvertement et avec confiance, d'y servir sa patrie, son prince, la république ?

45 (IV)

Je ne vois aucun courtisan à qui le prince vienne d'accorder un bon gouvernement, une place éminente ou une forte pension, qui n'assure par vanité, ou pour marquer son désintéressement, qu'il est bien moins content du don que de la manière dont il lui a été fait. Ce qu'il y a en cela de sûr et d'indubitable, c'est qu'il le dit ainsi.

C'est rusticité que de donner de mauvaise grâce: le plus fort et le plus pénible est de donner; que coûte-t-il d'y ajouter un sourire?

Il faut avouer néanmoins qu'il s'est trouvé des hommes qui refusaient plus honnêtement que d'autres ne savaient donner; qu'on a dit de quelques-uns qu'ils se faisaient si longtemps prier, qu'ils donnaient si sèchement, et chargeaient une grâce qu'on leur arrachait de conditions si désagréables, qu'une plus grande grâce était d'obtenir d'eux d'être dispensés de rien recevoir.

46 (IV)

L'on remarque dans les cours des hommes avides qui se revêtent de toutes les conditions pour en avoir les avantages: gouvernement, charge, bénéfice, tout leur convient; ils se sont si bien ajustés, que par leur état ils deviennent capables de toutes les grâces; ils sont amphibies, ils vivent de l'Église et de l'épée, et auront le secret d'y joindre la robe.

Si vous demandez:

«Que font ces gens à la cour?» ils reçoivent, et envient tous ceux à qui l'on donne.

47 (VIII)

Mille gens à la cour y traînent leur vie à embrasser, serrer et congratuler ceux qui reçoivent, jusqu'à ce qu'ils y meurent sans rien avoir.

48 (VI)

Ménophile emprunte ses mœurs d'une profession, et d'une autre son habit; il masque toute l'année, quoique à visage découvert; il paraît à la cour, à la ville, ailleurs, toujours sous un certain nom et sous le même déguisement. On le reconnaît et on sait quel il est à son visage.

49 (VI)

Il y a pour arriver aux dignités ce qu'on appelle ou la grande voie ou le chemin battu; il y a le chemin détourné ou de traverse, qui est le plus court.

50 (V)

L'on court les malheureux pour les envisager; l'on se range en haie, ou l'on se place aux fenêtres, pour observer les traits et la contenance d'un homme qui est condamné, et qui sait qu'il va mourir: vaine, maligne, inhumaine curiosité; si les hommes étaient sages, la place publique serait abandonnée, et il serait établi qu'il y aurait de l'ignominie seulement à voir de tels spectacles. Si vous êtes si touchés de curiosité, exercez-la du moins en un sujet noble: voyez un heureux, contemplez-le dans le jour même où il a été nommé à un nouveau poste, et qu'il en reçoit les compliments; lisez dans ses yeux, et au travers d'un calme étudié et d'une feinte modestie, combien il est content et pénétré de soi-même. Voyez quelle sérénité cet accomplissement de ses désirs répand dans son cœur et sur son visage, comme il ne songe plus qu'à vivre et à avoir de la santé, comme ensuite sa joie lui échappe et ne peut plus se dissimuler, comme il plie sous le poids de son bonheur, quel air froid et sérieux il conserve pour ceux qui ne sont plus ses égaux: il ne leur répond pas, il ne les voit pas; les embrassements et les caresses des grands, qu'il ne voit plus de si loin, achèvent de lui nuire; il se déconcerte, il s'étourdit: c'est une courte aliénation.

Vous voulez être heureux, vous désirez des grâces; que de choses pour vous à éviter!

51 (VI)

Un homme qui vient d'être placé ne se sert plus de sa raison et de son esprit pour régler sa conduite et ses dehors à l'égard des autres; il emprunte sa règle de son poste et de son état: de là l'oubli, la fierté, l'arrogance, la dureté, l'ingratitude.

52 (VIII)

Théonas, abbé depuis trente ans, se lassait de l'être. On a moins d'ardeur et d'impatience de se voir habillé de pourpre, qu'il en avait de porter une croix d'or sur sa poitrine, et parce que les grandes fêtes se passaient toujours sans rien changer à sa fortune, il murmurait contre le temps présent, trouvait l'État mal gouverné, et n'en prédisait rien que de sinistre. Convenant en son cœur que le mérite est dangereux dans les cours à qui veut s'avancer, il avait enfin pris son parti, et renoncé à la prélature, lorsque quelqu'un accourt lui dire qu'il est nommé à un évêché. Rempli de joie et de confiance sur une nouvelle si peu attendue: «Vous verrez, dit-il, que je n'en demeurerai pas là, et qu'ils me feront archevêque.»

53 (I)

Il faut des fripons à la cour auprès des grands et des ministres, même les mieux intentionnés; mais l'usage en est délicat, et il faut savoir les mettre en œuvre. Il y a des temps et des occasions où ils ne peuvent être suppléés par d'autres. Honneur, vertu, conscience, qualités toujours respectables, souvent inutiles: que voulez-vous quelquefois que l'on fasse d'un homme de bien?

54 (IV)

Un vieil auteur, et dont j'ose rapporter ici les propres termes, de peur d'en affaiblir le sens par ma traduction, dit que s'éloigner des petits, voire de ses pareils, et iceulx vilainer et dépriser; s'accointer de grands et puissans en tous biens et chevances, et en cette leur cointise et privauté estre de tous ébats, gabs, mommeries, et vilaines besoignes; estre eshonté, saffranier et sans point de vergogne; endurer brocards et gausseries de tous chacuns, sans pour ce feindre de cheminer en avant, et à tout son entregent, engendre heur et fortune.

55 (IV)

Jeunesse du prince, source des belles fortunes.

56 (IV)

Timante, toujours le même, et sans rien perdre de ce mérite qui lui a attiré la première fois de la réputation et des récompenses, ne laissait pas de dégénérer dans l'esprit des courtisans: ils étaient las de l'estimer; ils le saluaient froidement, ils ne lui souriaient plus, ils commençaient à ne le plus joindre, ils ne l'embrassaient plus, ils ne le tiraient plus à l'écart pour lui parler mystérieusement d'une chose indifférente, ils n'avaient plus rien à lui dire. Il lui fallait cette pension ou ce nouveau poste dont il vient d'être honoré pour faire revivre ses vertus à demi effacées de leur mémoire, et en rafraîchir l'idée: ils lui font comme dans les commencements, et encore mieux.

57 (V)

Que d'amis, que de parents naissent en une nuit au nouveau ministre! Les uns font valoir leurs anciennes liaisons, leur société d'études, les droits du voisinage; les autres feuillettent leur généalogie, remontent jusqu'à un trisaïeul, rappellent le côté paternel et le maternel; l'on veut tenir à cet homme par quelque endroit, et l'on dit plusieurs fois le jour que l'on y tient; on l'imprimerait volontiers: C'est mon ami, et je suis fort aise de son élévation; j'y dois prendre part, il m'est assez proche. Hommes vains et dévoués à la fortune, fades courtisans, parliez-vous ainsi il y a huit jours? Est-il devenu, depuis ce temps, plus homme de bien, plus digne du choix que le prince en vient de faire? Attendiez-vous cette circonstance pour le mieux connaître?

58 (V)
Ce qui me soutient et me rassure contre les petits dédains que j'essuie quelquefois des grands et de mes égaux, c'est que je me dis à moi-même: «Ces gens n'en veulent peut-être qu'à ma fortune, et ils ont raison: elle est bien petite. Ils m'adoreraient sans doute si j'étais ministre.»

Dois-je bientôt être en place? le sait-il? est-ce en lui un pressentiment? il me prévient, il me salue.

59 (VII)
Celui qui dit: Je dînai hier à Tibur, ou: J'y soupe ce soir, qui le répète, qui fait entrer dix fois le nom de Plancus dans les moindres conversations, qui dit: Plancus me demandait... Je disais à Plancus..., celui-là même apprend dans ce moment que son héros vient d'être enlevé par une mort extraordinaire. Il part de la main, il rassemble le peuple dans les places ou sous les portiques, accuse le mort, décrie sa conduite, dénigre son consulat, lui ôte jusqu'à la science des détails que la voix publique lui accorde, ne lui passe point une mémoire heureuse, lui refuse l'éloge d'un homme sévère et laborieux, ne lui fait pas l'honneur de lui croire, parmi les ennemis de l'empire, un ennemi.

60 (VI)
Un homme de mérite se donne, je crois, un joli spectacle, lorsque la même place à une assemblée, ou à un spectacle, dont il est refusé, il la voit accorder à un homme qui n'a point d'yeux pour voir, ni d'oreilles pour entendre, ni d'esprit pour connaître et pour juger, qui n'est recommandable que par de certaines livrées, que même il ne porte plus.

61 (VII)

Théodote avec un habit austère a un visage comique, et d'un homme qui entre sur la scène ; sa voix, sa démarche, son geste, son attitude accompagnent son visage. Il est fin, cauteleux, doucereux, mystérieux ; il s'approche de vous, et il vous dit à l'oreille : Voilà un beau temps ; voilà un grand dégel. S'il n'a pas les grandes manières, il a du moins toutes les petites, et celles même qui ne conviennent guère qu'à une jeune précieuse. Imaginez-vous l'application d'un enfant à élever un château de cartes ou à se saisir d'un papillon : c'est celle de Théodote pour une affaire de rien, et qui ne mérite pas qu'on s'en remue ; il la traite sérieusement, et comme quelque chose qui est capital ; il agit, il s'empresse, il la fait réussir : le voilà qui respire et qui se repose, et il a raison ; elle lui a coûté beaucoup de peine. L'on voit des gens enivrés, ensorcelés de la faveur ; ils y pensent le jour, ils y rêvent la nuit ; ils montent l'escalier d'un ministre, et ils en descendent ; ils sortent de son antichambre, et ils y rentrent ; ils n'ont rien à lui dire, et ils lui parlent ; ils lui parlent une seconde fois : les voilà contents, ils lui ont parlé. Pressez-les, tordez-les, ils dégouttent l'orgueil, l'arrogance, la présomption ; vous leur adressez la parole, ils ne vous répondent point, ils ne vous connaissent point, ils ont les yeux égarés et l'esprit aliéné : c'est à leurs parents à en prendre soin et à les renfermer, de peur que leur folie ne devienne fureur, et que le monde n'en souffre. Théodote a une plus douce manie : il aime la faveur éperdument, mais sa passion a moins d'éclat ; il lui fait des vœux en secret, il la cultive, il la sert mystérieusement ; il est au guet et à la découverte sur tout ce qui paraît de nouveau avec les livrées de la faveur : ont-ils une prétention, il s'offre à eux, il s'intrigue pour eux, il leur sacrifie sourdement mérite, alliance, amitié, engagement, reconnaissance. Si la place d'un Cassini devenait vacante, et que le suisse ou le postillon du favori s'avisât de la demander, il appuierait sa demande, il le jugerait digne de cette place, il le trouverait capable d'observer et de calculer, de parler de parélies et de parallaxes.

Si vous demandiez de Théodote s'il est auteur ou plagiaire, original ou copiste, je vous donnerais ses ouvrages, et je vous dirais : « Lisez et jugez. » Mais s'il est dévot ou courtisan, qui pourrait le décider sur le portrait que j'en viens de faire ? Je prononcerais plus hardiment sur son étoile.

Oui, Théodote, j'ai observé le point de votre naissance ; vous serez placé, et bientôt ; ne veillez plus, n'imprimez plus : le public vous demande quartier.

62 (VIII)

N'espérez plus de candeur, de franchise, d'équité, de bons offices, de services, de bienveillance, de générosité, de fermeté dans un homme qui s'est depuis quelque temps livré à la cour, et qui secrètement veut sa fortune. Le reconnaissez-vous à son visage, à ses entretiens ?

Il ne nomme plus chaque chose par son nom ; il n'y a plus pour lui de fripons, de fourbes, de sots et d'impertinents : celui dont il lui échapperait de dire ce qu'il en pense, est celui-là même qui, venant à le savoir, l'empêcherait de cheminer ; pensant mal de tout le monde, il n'en dit de personne ; ne voulant du bien qu'à lui seul, il veut persuader qu'il en veut à tous, afin que tous lui en fassent, ou que nul du moins lui soit contraire.

Non content de n'être pas sincère, il ne souffre pas que personne le soit ; la vérité blesse son oreille : il est froid et indifférent sur les observations que l'on fait sur la cour et sur le courtisan ; et parce qu'il les a entendues, il s'en croit complice et responsable. Tyran de la société et martyr de son ambition, il a une triste circonspection dans sa conduite et dans ses discours, une raillerie innocente, mais froide et contrainte, un ris forcé, des caresses contrefaites, une conversation interrompue et des distractions fréquentes.

Il a une profusion, le dirai-je ? des torrents de louanges pour ce qu'a fait ou ce qu'a dit un homme placé et qui est en faveur, et pour tout autre une sécheresse de pulmonique ; il a des formules de compliments différents pour l'entrée et pour la sortie à l'égard de ceux qu'il visite ou dont il est visité ; et il n'y a personne de ceux qui se payent de mines et de façons de parler qui ne sorte d'avec lui fort satisfait. Il vise également à se faire des patrons et des créatures ; il est médiateur, confident, entremetteur : il veut gouverner. Il a une ferveur de novice pour toutes les petites pratiques de cour ; il sait où il faut se placer pour être vu ; il sait vous embrasser, prendre part à votre joie, vous faire coup sur coup des questions empressées sur votre santé, sur vos affaires ; et pendant que vous lui répondez, il perd le fil de sa curiosité, vous interrompt, entame un autre sujet ; ou s'il survient quelqu'un à qui il doive un discours tout différent, il sait, en achevant de vous congratuler, lui faire un compliment de condoléance : il pleure d'un œil, et il rit de l'autre. Se formant quelquefois sur les ministres ou sur le favori, il parle en public de choses frivoles, du vent, de la gelée ; il se tait au contraire, et fait le mystérieux sur ce qu'il sait de plus important, et plus volontiers encore sur ce qu'il ne sait point.

63 (I)

Il y a un pays où les joies sont visibles, mais fausses, et les chagrins cachés, mais réels.

Qui croirait que l'empressement pour les spectacles, que les éclats et les applaudissements aux théâtres de Molière et d'Arlequin, les repas, la chasse, les ballets, les carrousels couvrissent tant d'inquiétudes, de soins et de divers intérêts, tant de craintes et d'espérances, des passions si vives et des affaires si sérieuses ?

64 (IV)

La vie de la cour est un jeu sérieux, mélancolique, qui applique : il faut arranger ses pièces et ses batteries, avoir un dessein, le suivre, parer celui de son adversaire, hasarder quelquefois, et jouer de caprice ; et après toutes ses rêveries et toutes ses mesures, on est échec, quelquefois mat ; souvent, avec des pions qu'on ménage bien, on va à dame, et l'on gagne la partie : le plus habile l'emporte, ou le plus heureux.

65 (V)

Les roues, les ressorts, les mouvements sont cachés ; rien ne paraît d'une montre que son aiguille, qui insensiblement s'avance et achève son tour : image du courtisan, d'autant plus parfaite qu'après avoir fait assez de chemin, il revient souvent au même point d'où il est parti.

66 (I)

« Les deux tiers de ma vie sont écoulés ; pourquoi tant m'inquiéter sur ce qui m'en reste ? La plus brillante fortune ne mérite point ni le tourment que je me donne, ni les petitesses où je me surprends, ni les humiliations, ni les hontes que j'essuie ; trente années détruiront ces colosses de puissance qu'on ne voyait bien qu'à force de lever la tête ; nous disparaîtrons, moi qui suis si peu de chose, et ceux que je contemplais si avidement, et de qui j'espérais toute ma grandeur ; le meilleur de tous les biens, s'il y a des biens, c'est le repos, la retraite et un endroit qui soit son domaine. » N** a pensé cela dans sa disgrâce, et l'a oublié dans la prospérité.

67 (I)

Un noble, s'il vit chez lui dans sa province, il vit libre, mais sans appui; s'il vit à la cour, il est protégé, mais il est esclave: cela se compense.

68 (IV)

Xantippe au fond de sa province, sous un vieux toit et dans un mauvais lit, a rêvé pendant la nuit qu'il voyait le prince, qu'il lui parlait, et qu'il en ressentait une extrême joie; il a été triste à son réveil; il a conté son songe, et il a dit:

«Quelles chimères ne tombent point dans l'esprit des hommes pendant qu'ils dorment!» Xantippe a continué de vivre; il est venu à la cour, il a vu le prince, il lui a parlé; et il a été plus loin que son songe, il est favori.

69 (I)

Qui est plus esclave qu'un courtisan assidu, si ce n'est un courtisan plus assidu?

70 (I)

L'esclave n'a qu'un maître; l'ambitieux en a autant qu'il y a de gens utiles à sa fortune.

71 (I)

Mille gens à peine connus font la foule au lever pour être vus du prince, qui n'en saurait voir mille à la fois; et s'il ne voit aujourd'hui que ceux qu'il vit hier et qu'il verra demain, combien de malheureux!

72 (I)

De tous ceux qui s'empressent auprès des grands et qui leur font la cour, un petit nombre les honore dans le cœur, un grand nombre les recherche par des vues d'ambition et d'intérêt, un plus grand nombre par une ridicule vanité, ou par une sotte impatience de se faire voir.

73 (VII)

Il y a de certaines familles qui, par les lois du monde ou ce qu'on appelle de la bienséance, doivent être irréconciliables. Les voilà réunies; et où la religion a échoué quand elle a voulu l'entreprendre, l'intérêt s'en joue, et le fait sans peine.

74 (I)

L'on parle d'une région où les vieillards sont galants, polis et civils; les jeunes gens au contraire, durs, féroces, sans mœurs ni politesse: ils se trouvent affranchis de la passion des femmes dans un âge où l'on commence ailleurs à la sentir; ils leur préfèrent des repas, des viandes, et des amours ridicules. Celui-là chez eux est sobre et modéré, qui ne s'enivre que de vin: l'usage trop fréquent qu'ils en ont fait le leur a rendu insipide; ils cherchent à réveiller leur goût déjà éteint par des eaux-de-vie, et par toutes les liqueurs les plus violentes; il ne manque à leur débauche que de boire de l'eau-forte. Les femmes du pays précipitent le déclin de leur beauté par des artifices qu'elles croient servir à les rendre belles: leur coutume est de peindre leurs lèvres, leurs joues, leurs sourcils et leurs épaules, qu'elles étalent avec leur gorge, leurs bras et leurs oreilles, comme si elles craignaient de cacher l'endroit par où elles pourraient plaire, ou de ne pas se montrer assez. Ceux qui habitent cette contrée ont une physionomie qui n'est pas nette, mais confuse, embarrassée dans une épaisseur de cheveux étrangers, qu'ils préfèrent aux naturels et dont ils font un long tissu pour couvrir leur tête: il descend à la moitié du corps, change les traits, et empêche qu'on ne connaisse les hommes à leur visage. Ces peuples d'ailleurs ont leur Dieu et leur roi: les grands de la nation s'assemblent tous les jours, à une certaine heure, dans un temple qu'ils nomment église; il y a au fond de ce temple un autel consacré à leur Dieu, où un prêtre célèbre des mystères qu'ils appellent saints, sacrés et redoutables; les grands forment un vaste cercle au pied de cet autel, et paraissent debout, le dos tourné directement au prêtre et aux saints mystères, et les faces élevées vers leur roi, que l'on voit à genoux sur une tribune, et à qui ils semblent avoir tout l'esprit et tout le cœur appliqués. On ne laisse pas de voir dans cet usage une espèce de subordination; car ce peuple paraît adorer le prince, et le prince adorer Dieu. Les gens du pays le nomment; il est à quelque quarante-huit degrés d'élévation du pôle, et à plus d'onze cents lieues de mer des Iroquois et des Hurons.

75 (I)

Qui considérera que le visage du prince fait toute la félicité du courtisan, qu'il s'occupe et se remplit pendant toute sa vie de le voir et d'en être vu, comprendra un peu comment voir Dieu peut faire toute la gloire et tout le bonheur des saints.

76 (IV)

Les grands seigneurs sont pleins d'égards pour les princes : c'est leur affaire, ils ont des inférieurs. Les petits courtisans se relâchent sur ces devoirs, font les familiers, et vivent comme gens qui n'ont d'exemples à donner à personne.

77 (IV)

Que manque-t-il de nos jours à la jeunesse ? Elle peut et elle sait ; ou du moins quand elle saurait autant qu'elle peut, elle ne serait pas plus décisive.

78 (IV)

Faibles hommes ! Un grand dit de Timagène, votre ami, qu'il est un sot, et il se trompe. Je ne demande pas que vous répliquiez qu'il est homme d'esprit : osez seulement penser qu'il n'est pas un sot.

De même il prononce d'Iphicrate qu'il manque de cœur ; vous lui avez vu faire une belle action : Rassurez-vous, je vous dispense de la raconter, pourvu qu'après ce que vous venez d'entendre, vous vous souveniez encore de la lui avoir vu faire.

79 (V)

Qui sait parler aux rois, c'est peut-être où se termine toute la prudence et toute la souplesse du courtisan. Une parole échappe, et elle tombe de l'oreille du prince bien avant dans sa mémoire, et quelquefois jusque dans son cœur : il est impossible de la ravoir ; tous les soins que l'on prend et toute l'adresse dont on use pour l'expliquer ou pour l'affaiblir servent à la graver plus profondément et à l'enfoncer davantage. Si ce n'est que contre nous-mêmes que nous ayons parlé, outre que ce malheur n'est pas ordinaire, il y a encore un prompt remède, qui est de nous instruire par notre faute, et de souffrir la peine de notre légèreté ; mais si c'est contre quelque autre, quel abattement ! quel repentir ! Y a-t-il une règle plus utile contre un si dangereux inconvénient ; que de parler des autres au souverain, de leurs personnes, de leurs ouvrages, de leurs actions, de leurs mœurs ou de leur conduite, du moins avec l'attention, les précautions et les mesures dont on parle de soi ?

80 (IV)

«Diseurs de bons mots, mauvais caractère»: je le dirais, s'il n'avait été dit. Ceux qui nuisent à la réputation ou à la fortune des autres plutôt que de perdre un bon mot, méritent une peine infamante : cela n'a pas été dit, et je l'ose dire.

81 (I)

Il y a un certain nombre de phrases toutes faites, que l'on prend comme dans un magasin et dont l'on se sert pour se féliciter les uns les autres sur les événements. Bien qu'elles se disent souvent sans affection, et qu'elles soient reçues sans reconnaissance, il n'est pas permis avec cela de les omettre, parce que du moins elles sont l'image de ce qu'il y a au monde de meilleur, qui est l'amitié, et que les hommes, ne pouvant guère compter les uns sur les autres pour la réalité, semblent être convenus entre eux de se contenter des apparences.

82 (I)

Avec cinq ou six termes de l'art, et rien de plus, l'on se donne pour connaisseur en musique, en tableaux, en bâtiments, et en bonne chère : l'on croit avoir plus de plaisir qu'un autre à entendre, à voir et à manger ; l'on impose à ses semblables, et l'on se trompe soi-même.

83 (VI)

La cour n'est jamais dénuée d'un certain nombre de gens en qui l'usage du monde, la politesse ou la fortune tiennent lieu d'esprit, et suppléent au mérite. Ils savent entrer et sortir ; ils se tirent de la conversation en ne s'y mêlant point ; ils plaisent à force de se taire, et se rendent importants par un silence longtemps soutenu, ou tout au plus par quelques monosyllabes ; ils payent de mines, d'une inflexion de voix, d'un geste et d'un sourire : ils n'ont pas, si je l'ose dire, deux pouces de profondeur ; si vous les enfoncez, vous rencontrez le tuf.

84 (VI)

Il y a des gens à qui la faveur arrive comme un accident : ils en sont les premiers surpris et consternés. Ils se reconnaissent enfin, et se trouvent dignes de leur étoile ; et comme si la stupidité et la fortune étaient deux choses incompatibles, ou qu'il fût impossible d'être heureux et sot tout à la fois, ils se croient de l'esprit; ils hasardent, que dis-je? ils ont la confiance de parler en toute rencontre, et sur quelque matière qui puisse s'offrir, et sans nul discernement des personnes qui les écoutent. Ajouterai-je qu'ils épouvantent ou qu'ils donnent le dernier dégoût par leur fatuité et par leurs fadaises? Il est vrai du moins qu'ils déshonorent sans ressources ceux qui ont quelque part au hasard de leur élévation.

85

(IV) Comment nommerai-je cette sorte de gens qui ne sont fins que pour les sots? Je sais du moins que les habiles les confondent avec ceux qu'ils savent tromper.

(I) C'est avoir fait un grand pas dans la finesse, que de faire penser de soi que l'on n'est que médiocrement fin.

(IV) La finesse n'est ni une trop bonne ni une trop mauvaise qualité: elle flotte entre le vice et la vertu. Il n'y a point de rencontre où elle ne puisse, et peut-être où elle ne doive être suppléée par la prudence.

(IV) La finesse est l'occasion prochaine de la fourberie; de l'un à l'autre le pas est glissant; le mensonge seul en fait la différence: si on l'ajoute à la finesse, c'est fourberie.

(IV) Avec les gens qui par finesse écoutent tout et parlent peu, parlez encore moins; ou si vous parlez beaucoup, dites peu de chose.

86 (V)

Vous dépendez, dans une affaire qui est juste et importante, du consentement de deux personnes. L'un vous dit: «J'y donne les mains pourvu qu'un tel y condescende»; et ce tel y condescend, et ne désire plus que d'être assuré des intentions de l'autre. Cependant rien n'avance; les mois, les années s'écoulent inutilement: «Je m'y perds, dites-vous, et je n'y comprends rien; il ne s'agit que de faire qu'ils s'abouchent, et qu'ils se parlent.» Je vous dis; moi, que j'y vois clair, et que j'y comprends tout: ils se sont parlé.

87 (VII)

Il me semble que qui sollicite pour les autres a la confiance d'un homme qui demande justice; et qu'en parlant ou en agissant pour soi-même, on a l'embarras et la pudeur de celui qui demande grâce.

88 (I)

Si l'on ne se précautionne à la cour contre les pièges que l'on y tend sans cesse pour faire tomber dans le ridicule, l'on est étonné, avec tout son esprit, de se trouver la dupe de plus sots que soi.

89 (I)

Il y a quelques rencontres dans la vie où la vérité et la simplicité sont le meilleur manège du monde.

90 (VI)

Êtes-vous en faveur, tout manège est bon, vous ne faites point de fautes, tous les chemins vous mènent au terme : autrement, tout est faute, rien n'est utile, il n'y a point de sentier qui ne vous égare.

91 (I)

Un homme qui a vécu dans l'intrigue un certain temps ne peut plus s'en passer : toute autre vie pour lui est languissante.

92 (I)

Il faut avoir de l'esprit pour être homme de cabale : l'on peut cependant en avoir à un certain point, que l'on est au-dessus de l'intrigue et de la cabale, et que l'on ne saurait s'y assujettir ; l'on va alors à une grande fortune ou à une haute réputation par d'autres chemins.

93 (IV)

Avec un esprit sublime, une doctrine universelle, une probité à toutes épreuves et un mérite très accompli, n'appréhendez pas, ô Aristide, de tomber à la cour ou de perdre la faveur des grands, pendant tout le temps qu'ils auront besoin de vous.

94 (I)

Qu'un favori s'observe de fort près ; car s'il me fait moins attendre dans son antichambre qu'à l'ordinaire, s'il a le visage plus ouvert, s'il fronce moins le sourcil, s'il m'écoute plus volontiers, et s'il me reconduit un peu plus loin, je penserai qu'il commence à tomber, et je penserai vrai.

L'homme a bien peu de ressources dans soi-même, puisqu'il lui faut une disgrâce ou une mortification pour le rendre plus humain, plus traitable, moins féroce, plus honnête homme.

95 (V)
L'on contemple dans les cours de certaines gens, et l'on voit bien à leurs discours et à toute leur conduite qu'ils ne songent ni à leurs grands-pères ni à leurs petits-fils : le présent est pour eux ; ils n'en jouissent pas, ils en abusent.

96 (VI)
Straton est né sous deux étoiles : malheureux, heureux dans le même degré. Sa vie est un roman : non, il lui manque le vraisemblable. Il n'a point eu d'aventures ; il a eu de beaux songes, il en a eu de mauvais : que dis-je ? on ne rêve point comme il a vécu. Personne n'a tiré d'une destinée plus qu'il a fait ; l'extrême et le médiocre lui sont connus ; il a brillé, il a souffert, il a mené une vie commune : rien ne lui est échappé. Il s'est fait valoir par des vertus qu'il assurait fort sérieusement qui étaient en lui ; il a dit de soi : J'ai de l'esprit, j'ai du courage ; et tous ont dit après lui : Il a de l'esprit, il a du courage. Il a exercé dans l'une et l'autre fortune le génie du courtisan, qui a dit de lui plus de bien peut-être et plus de mal qu'il n'y en avait. Le joli, l'aimable, le rare, le merveilleux, l'héroïque ont été employés à son éloge ; et tout le contraire a servi depuis pour le ravaler : caractère équivoque, mêlé, enveloppé ; une énigme, une question presque indécise.

97 (V)
La faveur met l'homme au-dessus de ses égaux ; et sa chute, au-dessous.

98 (I)
Celui qui un beau jour sait renoncer fermement ou à un grand nom, ou à une grande autorité, ou à une grande fortune, se délivre en un moment de bien des peines, de bien des veilles, et quelquefois de bien des crimes.

99 (V)
Dans cent ans le monde subsistera encore en son entier : ce sera le même théâtre et les mêmes décorations, ce ne seront plus les

mêmes acteurs. Tout ce qui se réjouit sur une grâce reçue, ou ce qui s'attriste et se désespère sur un refus, tous auront disparu de dessus la scène. Il s'avance déjà sur le théâtre d'autres hommes qui vont jouer dans une même pièce les mêmes rôles ; ils s'évanouiront à leur tour ; et ceux qui ne sont pas encore, un jour ne seront plus : de nouveaux acteurs ont pris leur place. Quel fond à faire sur un personnage de comédie !

100 (VII)
Qui a vu la cour a vu du monde ce qui est le plus beau, le plus spécieux et le plus orné ; qui méprise la cour, après l'avoir vue, méprise le monde.

101
(VI) La ville dégoûte de la province ; la cour détrompe de la ville, et guérit de la cour.
(I) Un esprit sain puise à la cour le goût de la solitude et de la retraite.

Des grands

1 (I)
La prévention du peuple en faveur des grands est si aveugle, et l'entêtement pour leur geste, leur visage, leur ton de voix et leurs manières si général, que, s'ils s'avisaient d'être bons, cela irait à l'idolâtrie.

2 (VI)
Si vous êtes né vicieux, ô Théagène, je vous plains ; si vous le devenez par faiblesse pour ceux qui ont intérêt que vous le soyez, qui ont juré entre eux de vous corrompre, et qui se vantent déjà de pouvoir y réussir, souffrez que je vous méprise. Mais si vous êtes sage, tempérant, modeste, civil, généreux, reconnaissant, laborieux, d'un rang d'ailleurs et d'une naissance à donner des exemples plutôt qu'à les prendre d'autrui, et à faire les règles plutôt qu'à les recevoir, convenez avec cette sorte de gens de suivre par complaisance leurs dérèglements, leurs vices et leur

folie, quand ils auront, par la déférence qu'ils vous doivent, exercé toutes les vertus que vous chérissez: ironie forte, mais utile, très propre à mettre vos mœurs en sûreté, à renverser tous leurs projets, et à les jeter dans le parti de continuer d'être ce qu'ils sont, et de vous laisser tel que vous êtes.

3 (I)

L'avantage des grands sur les autres hommes est immense par un endroit: je leur cède leur bonne chère, leurs riches ameublements, leurs chiens, leurs chevaux, leurs singes, leurs nains, leurs fous et leurs flatteurs. Mais je leur envie le bonheur d'avoir à leur service des gens qui les égalent par le cœur et par l'esprit, et qui les passent quelquefois.

4 (I)

Les grands se piquent d'ouvrir une allée dans une forêt, de soutenir des terres par de longues murailles, de dorer des plafonds, de faire venir dix pouces d'eau, de meubler une orangerie; mais de rendre un cœur content, de combler une âme de joie, de prévenir d'extrêmes besoins ou d'y remédier, leur curiosité ne s'étend point jusque-là.

5 (IV)

On demande si en comparant ensemble les différentes conditions des hommes, leurs peines, leurs avantages, on n'y remarquerait pas un mélange ou une espèce de compensation de bien et de mal, qui établirait entre elles l'égalité, ou qui ferait du moins que l'un ne serait guère plus désirable que l'autre. Celui qui est puissant, riche, et à qui il ne manque rien, peut former cette question; mais il faut que ce soit un homme pauvre qui la décide.

Il ne laisse pas d'y avoir comme un charme attaché à chacune des différentes conditions, et qui y demeure jusques à ce que la misère l'en ait ôté.

Ainsi les grands se plaisent dans l'excès, et les petits aiment la modération; ceux-là ont le goût de dominer et de commander, et ceux-ci sentent du plaisir et même de la vanité à les servir et à leur obéir; les grands sont entourés, salués, respectés; les petits entourent, saluent, se prosternent; et tous sont contents.

6 (IV)

Il coûte si peu aux grands à ne donner que des paroles, et leur condition les dispense si fort de tenir les belles promesses qu'ils vous ont faites, que c'est modestie à eux de ne promettre pas encore plus largement.

7 (IV)

« Il est vieux et usé, dit un grand ; il s'est crevé à me suivre : qu'en faire ? » Un autre, plus jeune, enlève ses espérances, et obtient le poste qu'on ne refuse à ce malheureux que parce qu'il l'a trop mérité.

8 (IV)

« Je ne sais, dites-vous avec un air froid et dédaigneux, Philante a du mérite, de l'esprit, de l'agrément, de l'exactitude sur son devoir, de la fidélité et de l'attachement pour son maître, et il en est médiocrement considéré ; il ne plaît pas, il n'est pas goûté. » — Expliquez-vous : est-ce Philanthe, ou le grand qu'il sert, que vous condamnez ?

9 (VI)

Il est souvent plus utile de quitter les grands que de s'en plaindre.

10 (I)

Qui peut dire pourquoi quelques-uns ont le gros lot, ou quelques autres la faveur des grands ?

11 (IV)

Les grands sont si heureux, qu'ils n'essuient pas même, dans toute leur vie, l'inconvénient de regretter la perte de leurs meilleurs serviteurs, ou des personnes illustres dans leur genre, et dont ils ont tiré le plus de plaisir et le plus d'utilité. La première chose que la flatterie sait faire, après la mort de ces hommes uniques, et qui ne se réparent point, est de leur supposer des endroits faibles, dont elle prétend que ceux qui leur succèdent sont très exempts : elle assure que l'un, avec toute la capacité et toutes les lumières de l'autre, dont il prend la place, n'en a point les défauts ; et ce style sert aux princes à se consoler du grand et de l'excellent par le médiocre.

12 (I)

Les grands dédaignent les gens d'esprit qui n'ont que de l'esprit; les gens d'esprit méprisent les grands qui n'ont que de la grandeur. Les gens de bien plaignent les uns et les autres, qui ont ou de la grandeur ou de l'esprit, sans nulle vertu.

13 (IV)

Quand je vois d'une part auprès des grands, à leur table, et quelquefois dans leur familiarité, de ces hommes alertes, empressés, intrigants, aventuriers, esprits dangereux et nuisibles, et que je considère d'autre part quelle peine ont les personnes de mérite à en approcher, je ne suis pas toujours disposé à croire que les méchants soient soufferts par intérêt, ou que les gens de bien soient regardés comme inutiles; je trouve plus mon compte à me confirmer dans cette pensée, que grandeur et discernement sont deux choses différentes, et l'amour pour la vertu et pour les vertueux une troisième chose.

14 (I)

Lucile aime mieux user sa vie à se faire supporter de quelques grands, que d'être réduit à vivre familièrement avec ses égaux. La règle de voir de plus grands que soi doit avoir ses restrictions. Il faut quelquefois d'étranges talents pour la réduire en pratique.

15 (VI)

Quelle est l'incurable maladie de Théophile? Elle lui dure depuis plus de trente années, il ne guérit point: il a voulu, il veut, et il voudra gouverner les grands; la mort seule lui ôtera avec la vie cette soif d'empire et d'ascendant sur les esprits. Est-ce en lui zèle du prochain? est-ce habitude? est-ce une excessive opinion de soi-même? Il n'y a point de palais où il ne s'insinue; ce n'est pas au milieu d'une chambre qu'il s'arrête: il passe à une embrasure ou au cabinet; on attend qu'il ait parlé, et longtemps et avec action, pour avoir audience, pour être vu. Il entre dans le secret des familles; il est de quelque chose dans tout ce qui leur arrive de triste ou d'avantageux; il prévient, il s'offre, il se fait de fête, il faut l'admettre. Ce n'est pas assez pour remplir son temps ou son ambition, que le soin de dix mille âmes dont il répond à Dieu comme de la sienne propre: il y en a d'un plus haut rang et d'une plus grande distinction dont il ne doit aucun compte, et dont il se charge plus volontiers. Il écoute, il veille sur tout ce qui peut servir de pâture à son esprit d'intrigue, de médiation et de manège. À peine un grand est-il débarqué, qu'il l'empoigne et s'en saisit ; on entend plus tôt dire à Théophile qu'il le gouverne, qu'on n'a pu soupçonner qu'il pensait à le gouverner.

16 (I)

Une froideur ou une incivilité qui vient de ceux qui sont au-dessus de nous nous les fait haïr, mais un salut ou un sourire nous les réconcilie.

17 (VI)

Il y a des hommes superbes, que l'élévation de leurs rivaux humilie et apprivoise ; ils en viennent, par cette disgrâce, jusqu'à rendre le salut ; mais le temps, qui adoucit toutes choses, les remet enfin dans leur naturel.

18 (IV)

Le mépris que les grands ont pour le peuple les rend indifférents sur les flatteries ou sur les louanges qu'ils en reçoivent, et tempère leur vanité. De même les princes, loués sans fin et sans relâche des grands ou des courtisans, en seraient plus vains s'ils estimaient davantage ceux qui les louent.

19 (I)

Les grands croient être seuls parfaits, n'admettent qu'à peine dans les autres hommes la droiture d'esprit, l'habileté, la délicatesse, et s'emparent de ces riches talents comme de choses dues à leur naissance. C'est cependant en eux une erreur grossière de se nourrir de si fausses préventions : ce qu'il y a jamais eu de mieux pensé, de mieux dit, de mieux écrit, et peut-être d'une conduite plus délicate, ne nous est pas toujours venu de leur fonds. Ils ont de grands domaines, et une longue suite d'ancêtres : cela ne leur peut être contesté.

Jean de La Fontaine

« *Amusez les Rois par des songes* »

1678

Les obsèques de la Lionne

La femme du Lion mourut :
Aussitôt chacun accourut
Pour s'acquitter envers le Prince
De certains compliments de consolation,
Qui sont surcroît d'affliction.
Il fit avertir sa Province,
Que les obsèques se feraient
Un tel jour, en tel lieu ; ses Prévôts y seraient
Pour régler la cérémonie,
Et pour placer la compagnie.
Jugez si chacun s'y trouva.
Le Prince aux cris s'abandonna,
Et tout son antre en résonna.
Les Lions n'ont point d'autre temple.
On entendit à son exemple
Rugir en leurs patois Messieurs les Courtisans.
Je définis la cour un pays où les gens
Tristes, gais, prêts à tout, à tout indifférents,
Sont ce qu'il plaît au Prince, ou s'ils ne peuvent l'être,
Tâchent au moins de le paraître,
Peuple caméléon, peuple singe du maître ;
On dirait qu'un esprit anime mille corps ;
C'est bien là que les gens sont de simples ressorts.
Pour revenir à notre affaire
Le Cerf ne pleura point, comment eût-il pu faire ?
Cette mort le vengeait ; la Reine avait jadis
Étranglé sa femme et son fils.
Bref il ne pleura point. Un flatteur l'alla dire,
Et soutint qu'il l'avait vu rire.
La colère du Roi, comme dit Salomon,
Est terrible, et sur tout celle du Roi Lion :
Mais ce Cerf n'avait pas accoutumé de lire.

Le Monarque lui dit, Chétif hôte des bois
Tu ris, tu ne suis pas ces gémissantes voix.
Nous n'appliquerons point sur tes membres profanes
Nos sacrés ongles ; venez Loups,
Vengez la Reine, immolez tous
Ce traître à ses augustes mânes.
Le Cerf reprit alors : Sire, le temps de pleurs
Est passé ; la douleur est ici superflue.
Votre digne moitié couchée entre des fleurs,
Tout près d'ici m'est apparue ;
Et je l'ai d'abord reconnue.
Ami, m'a-t-elle dit, garde que ce convoi,
Quand je vais chez les Dieux, ne t'oblige à des larmes.
Aux champs Élyséens j'ai goûté mille charmes,
Conversant avec ceux qui sont saints comme moi.
Laisse agir quelque temps le désespoir du Roi.
J'y prends plaisir. À peine on eut ouï la chose,
Qu'on se mit à crier, Miracle, apothéose.
Le Cerf eut un présent, bien loin d'être puni.
Amusez les Rois par des songes,
Flattez-les, payez-les d'agréables mensonges,
Quelque indignation dont leur cœur soit rempli,
Ils goberont l'appât, vous serez leur ami.

La cour du Lion

Sa Majesté Lionne un jour voulut connaître
De quelles nations le Ciel l'avait fait maître.
Il manda donc par députés
Ses vassaux de toute nature,
Envoyant de tous les côtés
Une circulaire écriture,
Avec son sceau. L'écrit portait
Qu'un mois durant le Roi tiendrait
Cour plénière, dont l'ouverture
Devait être un fort grand festin,
Suivi des tours de Fagotin.
Par ce trait de magnificence
Le Prince à ses sujets étalait sa puissance.
En son Louvre il les invita.
Quel Louvre ! un vrai charnier, dont l'odeur se porta
D'abord au nez des gens. L'Ours boucha sa narine :
Il se fût bien passé de faire cette mine,
Sa grimace déplut. Le Monarque irrité
L'envoya chez Pluton faire le dégoûté.
Le Singe approuva fort cette sévérité ;
Et flatteur excessif il loua la colère
Et la griffe du Prince, et l'antre, et cette odeur :
Il n'était ambre, il n'était fleur,
Qui ne fût ail au prix. Sa sotte flatterie
Eut un mauvais succès, et fut encor punie.
Ce Monseigneur du Lion là,
Fut parent de Caligula.
Le Renard étant proche : Or çà, lui dit le Sire,
Que sens-tu ? dis-le-moi : Parle sans déguiser.
L'autre aussitôt de s'excuser,
Alléguant un grand rhume : il ne pouvait que dire
Sans odorat ; bref il s'en tire.
Ceci vous sert d'enseignement.
Ne soyez à la Cour, si vous voulez y plaire,
Ni fade adulateur, ni parleur trop sincère ;
Et tâchez quelquefois de répondre en Normand.

Louis de Rouvroy,
duc de Saint-Simon

« Audience que j'eus du roi »

1710

Le lendemain, samedi 4 janvier, le dernier des quatre, si principaux pour moi par leurs suites, qui commencèrent cette année 1710, j'allais à l'issue du lever du Roi, et le vis passer de son prie-Dieu dans son cabinet, sans qu'il me dît rien. C'était une heure de cour qui ne m'était pas ordinaire : je me contentais de le voir aller et revenir de la messe, parce que, depuis une longue attaque de goutte, il s'habillait presque entièrement sur son lit, où le service ne laissait guère de place ; l'ordre donné, les entrées du cabinet sortaient, tout le monde allait causer dans la galerie jusqu'à sa messe ; il ne restait guère dans sa chambre que le capitaine des gardes en quartier, qu'un garçon bleu avertissait quand le Roi allait sortir par la porte de son cabinet qui donne dans la galerie pour aller à la messe, lequel entrait alors dans le cabinet pour le suivre. Je demeurai après l'ordre donné et le monde écoulé, seul avec le capitaine des gardes dans la chambre : c'était Harcourt, qui fut assez étonné de me voir là persévérant, et qui me demanda ce que j'y faisais. Comme il allait me voir appeler dans le cabinet, je ne fis point de difficulté de lui dire que j'avais un mot à dire au Roi, et que je croyais qu'il me ferait entrer dans son cabinet avant la messe. Le père Tellier, dont le vrai travail se faisait le vendredi, était demeuré avec le Roi : il sortit bientôt après, et presque aussitôt Nyert, premier valet de chambre en quartier, sortit du cabinet, chercha des yeux, et me dit que le Roi me demandait. J'entrai aussitôt dans le cabinet : j'y trouvai le Roi seul, et assis sur le bas bout de la table du Conseil, qui était sa façon de faire quand il voulait parler à quelqu'un à son aise et à loisir. Je le remerciai, en l'abordant, de la grâce qu'il voulait bien me faire, et je prolongeai un peu mon compliment pour observer mieux son air et son attention, qui me parurent l'un sévère, l'autre entière. De là, sans qu'il me répondît un mot, j'entrai en matière. Je lui dis que je n'avais pu vivre davantage dans sa disgrâce (terme que j'évitai toujours par quelque circonlocution pour ne le pas effaroucher, mais dont je me servirai ici pour abréger) sans me hasarder de chercher à apprendre par où j'y étais tombé ; qu'il me demanderait peut-être par quoi j'avais jugé du changement de ses bontés pour moi : que je répondrais qu'ayant été quatre ans durant de tous les voyages de Marly, la privation m'en avait paru une marque qui m'avait été très sensible, et par la disgrâce, et par la privation de ces temps longs de l'honneur de lui faire ma cour. Le Roi, qui jusque-là n'avait rien dit, me répondit, d'un air haut et rengorgé, que cela ne faisait rien, et ne marquait rien de sa part. Quand je n'eusse pas su à quoi m'en tenir sur cette privation, l'air et le ton de la réponse m'eût bien appris qu'elle n'était pas sincère ; mais il la fallut prendre pour ce qu'il me la donnait : ainsi, je lui dis que ce qu'il me faisait l'honneur de me dire me donnait un grand soulagement, mais que, puisqu'il m'accordait l'honneur de m'écouter, je le suppliais de trouver bon que je me déchargeasse le cœur en sa présence, ce fut mon terme, et que je lui dise diverses choses qui me peinaient infiniment, et dont je savais qu'on m'avait rendu auprès de lui de fort mauvais offices, depuis que des bruits que mon âge et mon insuffisance m'empêchaient de croire fondés, mais qui avaient fort couru, qu'il avait jeté les yeux sur moi pour l'ambassade de Rome (ils étaient très réels comme on l'a vu ailleurs ; mais il fallait parler ainsi, parce qu'il ne me l'avait pas fait proposer, dans l'incertitude de la promotion du cardinal de La Trémoille, et que, dès qu'elle fut faite, il cessa d'y vouloir envoyer un ambassadeur), l'envie et la jalousie s'étaient tellement allumées contre moi, comme contre un homme qui pouvait devenir quelque chose, et qu'il fallait arrêter de bonne heure, que depuis ce temps-là je n'avais pu dire ni faire rien d'innocent, que jusqu'à mon silence même ne l'avait pas été, et que M. d'Antin n'avait cessé de m'attaquer. « D'Antin ! interrompit le Roi, mais d'un air plus doux ; jamais il ne m'a nommé votre nom. » Je répondis que ce témoignage me faisait un plaisir sensible, mais que d'Antin m'avait si attentivement poursuivi dans le monde en toutes occasions, que je n'avais pu ne pas craindre ses mauvais offices auprès de lui. En cet endroit, le Roi, qui avait déjà commencé à se rasséréner, prenant un visage encore plus ouvert, et montrant une sorte de bonté et presque de satisfaction à m'entendre, me coupa la parole comme je commençais un autre discours par ces mots : « Il y a encore un autre homme... » et me dit : « Mais aussi, monsieur, c'est que vous parlez et que vous blâmez ; voilà ce qui fait qu'on parle contre vous. » Je répondis que j'avais grand soin de ne parler mal de personne ; que, pour de Sa Majesté, j'aimerais mieux être mort, en le regardant avec feu entre deux yeux ; qu'à l'égard des autres, encore que je me mesurasse beaucoup, il était difficile que des occasions ne donnassent pas lieu à parler quelquefois un peu naturellement. « Mais, me dit le Roi, vous parlez sur tout, sur les affaires, je dis sur ces méchantes affaires, avec aigreur... » Alors, à mon tour, j'interrompis le Roi, observant qu'il me parlait de plus en plus avec bonté : je lui dis que, des affaires, j'en parlais ordinairement fort peu, et avec de grandes mesures, mais qu'il était vrai que, piqué quelquefois par de fâcheux succès, il m'échappait d'abondance de cœur des raisonnements et des blâmes ; qu'il m'était arrivé une aventure qui, ayant fait un grand bruit contre mon attente, m'avait aussi fait le plus de mal ; que j'allais l'en rendre juge afin de lui en demander un très humble pardon, si elle lui avait déplu, ou que, s'il en jugeait plus favorablement, il vît que je n'étais pas coupable. Je savais à n'en pas douter qu'on avait fait un prodigieux et pernicieux usage de mon pari de Lille : j'avais résolu de le conter au Roi, et j'en saisis ici l'occasion, qu'il me donna belle, mais avec la légèreté qu'il convenait sur les acteurs avec lui. Je continuai donc à lui dire que, lors du siège de Lille, touché de l'importance de sa conservation, au désespoir de voir avec quelle diligence les ennemis s'y fortifiaient, avec quelle lenteur son armée se mettait en mouvement après trois courriers dépêchés coup sur coup portant ordre de marcher au secours, impatienté d'entendre continuellement assurer une levée de siège si glorieuse et si nécessaire, laquelle je voyais impossible par le temps que ces lenteurs donnaient aux ennemis de se mettre tout à fait à couvert de cette crainte, il m'était échappé, dans le dépit d'une de ces disputes, de parier quatre pistoles que Lille ne serait pas secouru et qu'il serait pris. « Mais, dit le Roi, si vous n'avez parlé et parié que par intérêt à la chose, et par dépit de voir qu'elle ne réussirait pas, il n'y a point de mal, et, au contraire, cela n'est que bien. Mais quel est cet autre homme dont vous me vouliez parler ? » Je lui dis que c'était Monsieur le Duc, sur lequel il garda le silence, et ne me dit point, comme il avait fait sur d'Antin, qu'il ne lui avait point parlé de moi ; et je lui racontai, en peu de mots autant que je pus sans rien omettre d'utile, le fait et le procédé de Mme de Lussan, et, comme sur le pari de Lille j'avais soigneusement évité de lui nommer les noms de Chamillart, de Vendôme et de Mgr le duc de Bourgogne, j'évitai ici avec le même soin de lui nommer Madame la Duchesse sa fille, pour en mieux tomber sur Monsieur le Duc. Je dis donc au Roi que je n'entrais point dans le fond de l'affaire de Mme de Lussan, pour ne l'en pas importuner, mais que M. le Chancelier et tout le Conseil, M. le Premier président et tout le Parlement, où elle avait été portée, en avaient été indignés jusqu'à lui en avoir fait de fâcheuses réprimandes ; que, cette femme m'ayant attaqué partout et par toutes sortes de mensonges, j'avais été contraint de me défendre par des vérités, poignantes à la vérité, mais justes et nécessaires ; qu'avant de les publier, j'avais supplié Monsieur le Prince d'en entendre la lecture ; que je la lui avais faite, et qu'il avait trouvé très bon que je les publiasse ; que je n'avais jamais pu approcher de Madame la Princesse ni de Monsieur le Duc ; qu'il était étrange qu'il s'intéressât plus dans l'affaire de la dame d'honneur de Madame la Princesse que Monsieur le Prince même, lequel avait fort gourmandé Mme de Lussan là-dessus ; qu'enfin Sa Majesté trouvait bon que ses sujets eussent tous les jours des procès contre elle, et qu'il serait étrange qu'on n'osât se défendre des mensonges de Mme de Lussan, dont la place serait plus que la première du Royaume, si elle lui donnait le droit de plaider et de mentir sans réplique. J'ajoutai que Monsieur le Duc ne me l'avait jamais pardonné depuis, qu'il n'y avait point d'occasion où je ne m'en fusse aperçu, et que c'était une chose horrible que, moi absent naturellement et à La Ferté, comme j'avais accoutumé à Pâques, et sans savoir Monsieur le Prince en état de mourir, Monsieur le Duc eût dit à Sa Majesté, sur l'affaire des manteaux, que c'était dommage que je n'y fusse, et que je me donnerais bien du mouvement. Le Roi, qui m'avait laissé tout dire, et sur qui je remarquai que j'avais fait impression, me répondit, avec l'air et la façon d'un homme qui veut instruire, qu'aussi je passais pour être vif sur les rangs, que je m'y étais mêlé de beaucoup de choses, que je poussais les autres et me mettais à leur tête. Je répondis qu'à la vérité cela m'était arrivé quelquefois, et qu'en cela même je n'avais pas cru rien faire qui lui pût déplaire, mais que je le suppliais de se souvenir que, depuis l'affaire de la quête dont je lui avais rendu compte il y avait quatre ans, je n'étais entré en aucune sorte d'affaire. Je lui remis en deux mots le fait de celle-là, et de celle de la princesse d'Harcourt ; et, sur ce que je lui dis que j'avais eu lieu de croire qu'il en avait été content, il en convint, et m'en dit des choses, de lui-même, qui me montrèrent qu'il s'en souvenait parfaitement : sur quoi, je ne manquai pas de lui dire que la maison de Lorraine ne l'avait pas oublié, et n'avait cessé de me le témoigner depuis. Revenant tout de suite d'où je m'étais écarté, j'ajoutai que c'était bien assez de ne m'être mêlé de rien depuis quatre ans, pour que Monsieur le Duc, à qui je n'avais jamais rien fait, ne fît pas souvenir de moi dans un temps d'absence où je ne pensais à rien moins. L'air de familiarité que j'avais usurpée dans la parenthèse des Lorrains, et en retombant sur Monsieur le Duc, et celui d'attention, d'ouverture et de bonté non ennuyée que je vis dans le Roi, me fit ajouter que j'avais beau n'entrer en rien puisque, dans ma dernière absence dont j'arrivais, il m'avait été mandé de beaucoup d'endroits qu'on avait extrêmement parlé de moi sur ce qui était arrivé entre les carrosses de Mmes de Mantoue et de Montbazon, et que j'osais lui demander ce que je pouvais faire pour éviter ces méchancetés et des propos qui se tenaient gratuitement, moi absent depuis longtemps, et dans la parfaite ignorance de l'aventure de ces dames. «Cela vous fait voir, me répondit le Roi en prenant un vrai air de père, sur quel pied vous êtes dans le monde; et il faut que vous conveniez que, cette réputation, vous la méritez un peu. Si vous n'aviez jamais eu d'affaires de rangs, au moins que vous n'y eussiez pas paru si vif sur celles qui sont arrivées, et sur les rangs mêmes, on n'aurait point cela à dire. Cela vous doit montrer aussi combien vous devez éviter tout cela, pour laisser tomber ce qu'on en peut dire, et faire tomber cette réputation par une conduite sage là-dessus et suivie, pour ne point donner prise sur vous.» Je répondis que c'était aussi ce que j'avais continuellement fait depuis quatre ans, comme je venais d'avoir l'honneur de le lui dire, et ce que je ferais continuellement à l'avenir, mais qu'au moins le suppliais-je de voir combien peu de part j'avais eu en ces dernières choses, desquelles néanmoins je ne me trouvais pas quitte à meilleur marché; que j'avais une telle crainte de me trouver en tracasseries et en discussions, surtout devant lui, qu'il fallait donc que je lui dise maintenant la véritable raison qui m'avait fait rompre le voyage de Guyenne qu'il m'avait permis de faire: que cette raison était celle des usurpations étranges du maréchal de Montrevel sur mon gouvernement, qui étaient telles que je n'y pouvais aller qu'elles ne fussent décidées; que M. le maréchal de Boufflers, qui avait commandé en chef en Guyenne, à qui j'avais exposé mes raisons, avait jugé en ma faveur, et cru que M. de Montrevel l'en voudrait bien croire, mais que, ce dernier s'étant opiniâtré à vouloir que Sa Majesté décidât, j'avais mieux aimé perdre mes affaires, qui avaient grand besoin de ma présence, et laisser encore le maréchal de Montrevel usurper tout ce que bon lui semblait et semblerait, que d'en importuner Sa Majesté, tant j'étais éloigné de toutes querelles, et surtout de l'en fatiguer. Le Roi goûta tellement ce propos, qu'il l'interrompit plusieurs fois par des monosyllabes de louanges, pour ne pas troubler le fil de mon discours, à la fin duquel il me loua davantage et m'applaudit plus à son aise, sans pourtant entrer en rien sur ces différends de Guyenne, tant il abhorrait toute discussion et aimait mieux que tout s'usurpât et se confondît, souvent même au préjudice connu de ses affaires, que d'ouïr parler de cette matière, et surtout de décision. Je lui parlai aussi de la longue absence que j'avais faite de douleur de me croire mal avec lui : d'où je pris occasion de me répandre moins en respects qu'en choses affectueuses sur mon attachement à sa personne, et mon désir de lui plaire en tout, que je poussai avec une sorte de familiarité et d'épanchement parce que je sentis à son air, à ses discours, à son ton et à ses manières, que je m'en étais mis à portée. Aussi furent-ils reçus avec une ouverture qui me surprit, et qui ne me laissa pas douter que je ne me fusse remis parfaitement auprès de lui. Je le suppliai même de daigner me faire avertir s'il lui revenait quelque chose de moi qui pût lui déplaire ; qu'il en saurait aussitôt la vérité, ou pour pardonner à mon ignorance, ou pour mon instruction, ou pour voir que je n'étais point en faute. Comme il vit qu'il n'y avait plus de points à traiter, il se leva de dessus sa table. Alors, je le suppliai de se souvenir de moi pour un logement dans le désir que j'avais de continuer à lui faire une cour assidue : il me répondit qu'il n'y en avait point de vacant, et, avec une demi-révérence riante et gracieuse, s'achemina vers ses autres cabinets ; et moi, après une profonde révérence, je sortis en même temps par où j'étais entré, après plus d'une demi-heure d'audience la plus favorable, et fort au-delà de ce que j'avais pu espérer.

Jean François Paul de Gondi,
cardinal de Retz

« Portraits »

1675 - 1677

Le marquis de Nangis, mestre de camp du régiment de Navarre ou de Picardie, je ne m'en ressouviens pas précisément, et enragé contre la Reine et contre le Cardinal pour un sujet que je vous dirai incontinent, fut fort tenté d'entrer dans la cabale des Importants, cinq ou six jours devant que M. de Beaufort fût arrêté; et je le détournai de cette pensée, en lui disant que la mode, qui a du pouvoir en toute choses, ne l'a si sensible en aucune qu'à être ou bien ou mal à la cour. Il y a des temps où la disgrâce est une manière de feu qui purifie toutes les mauvaises qualités et qui illumine toutes les bonnes; il y a des temps où il ne sied pas bien à un honnête homme d'être disgracié.

[...]

Il n'y a rien de si dangereux que la flatterie dans les conjonctures où celui que l'on flatte peut avoir peur. L'envie qu'il a de ne la pas prendre fait qu'il croit à tout ce qui l'empêche d'y remédier. Ces avis, qui arrivaient de moment à autre, faisaient perdre inutilement ceux dans lesquels on peut dire que le salut de l'État était enfermé.

[...]

Quand je vis que la cour ne voulait même son bien qu'à sa mode, qui n'était jamais bonne, je ne songeai plus qu'à lui faire du mal, et ce ne fut que dans ce moment où je pris l'entière et pleine résolution d'attaquer personnellement le Mazarin, parce que je crus que ne pouvant l'empêcher de nous attaquer, nous ferions sagement de l'attaquer nous-mêmes, par des préalables qui donneraient dans le public un mauvais air à son attaque.

[...]

Il y a toujours eu du je ne sais quoi en tout M. de La Rochefoucauld. Il a voulu se mêler d'intrigue, dès son enfance, et dans un temps où il ne sentait pas les petits intérêts, qui n'ont jamais été son faible; et où il ne connaissait pas les grands, qui, d'un autre sens, n'ont pas été son fort. Il n'a jamais été capable d'aucune affaire, et je ne sais pourquoi ; car il avait des qualités qui eussent suppléé, en tout autre, celles qu'il n'avait pas. Sa vue n'était pas assez étendue, et il ne voyait pas même tout ensemble ce qui était à sa portée ; mais son bon sens, et très bon dans la spéculation, joint à sa douceur, à son insinuation et à sa facilité de mœurs, qui est admirable, devait récompenser plus qu'il n'a fait le défaut de sa pénétration. Il a toujours eu une irrésolution habituelle ; mais je ne sais même à quoi attribuer cette irrésolution. Elle n'a pu venir en lui de la fécondité de son imagination, qui n'est rien moins que vive. Je ne la puis donner à la stérilité de son jugement ; car, quoiqu'il ne l'ait pas exquis dans l'action, il a un bon fonds de raison. Nous voyons les effets de cette irrésolution, quoique nous n'en connaissions pas la cause. Il n'a jamais été guerrier, quoiqu'il fût très soldat. Il n'a jamais été, par lui-même, bon courtisan, quoiqu'il ait eu toujours bonne intention de l'être. Il n'a jamais été bon homme de parti, quoique toute sa vie il y ait été engagé. Cet air de honte et de timidité que vous lui voyez dans la vie civile s'était tourné, dans les affaires, en air d'apologie. Il croyait toujours en avoir besoin, ce qui joint à ses Maximes, qui ne marquent pas assez de foi en la vertu, et à sa pratique, qui a toujours été de chercher à sortir des affaires avec autant d'impatience qu'il y était entré, me fait conclure qu'il eût beaucoup mieux fait de se connaître et de se réduire à passer, comme il l'eût pu, pour le courtisan le plus poli qui eût paru dans son siècle.

[...]

Le président de Mesmes, homme de très grande capacité dans sa profession, et oncle de celui que vous voyez aujourd'hui, mais attaché jusques à la servitude à la cour, et par l'ambition qui le dévorait et par sa timidité, qui était excessive : le président de Mesmes, dis-je, fit une exclamation au seul nom de l'envoyé de l'archiduc, éloquente et pathétique au-dessus de tout ce que j'ai lu en ce genre dans l'antiquité ; et en se tournant, avec les yeux noyés dans les larmes, vers M. le prince de Conti : « Est-il possible, Monsieur, s'écria-t-il, qu'un prince du sang de France propose de donner séance sur les fleurs de lis à un député du plus cruel ennemi des fleurs de lis ? »

[...]

Il n'y a rien de si fâcheux que d'être le ministre d'un prince dont l'on n'est pas le favori, parce qu'il n'y a que la faveur qui donne le pouvoir sur le petit détail de sa maison, dont l'on ne laisse pas d'être responsable au public, lorsque tout le monde voit que l'on a ce pouvoir sur des choses bien plus considérables que les domestiques. La faveur de M. le duc d'Orléans ne s'acquérait point, mais elle se conquérait. Comme il savait qu'il était toujours gouverné, il affectait toujours d'éviter de l'être, ou plutôt de paraître l'éviter ; et jusques à ce qu'il fût dompté, pour ainsi parler, il donnait des saccades. J'avais trouvé qu'il me convenait assez d'entrer dans ses grandes affaires, mais je n'avais pas cru qu'il me convînt d'entrer dans les petites. La figure qu'il y eût fallu faire m'eût trop donné l'air de courtisan, qui ne m'était pas bon, parce qu'il ne se fût pas bien accordé avec l'homme du public dont je tenais le poste, et plus beau et même plus sûr que celui de favori de M. le duc d'Orléans.

[...]

Je connus en cet endroit, encore plus que je n'avais jamais fait, qu'il est impossible que la cour conçoive ce que c'est que le public. La flatterie, qui en est la peste, l'infecte toujours au point qu'elle lui cause un délire incurable sur cet article, et je remarquai que la Reine traitait, dans son imagination, ce que je lui en disais de chimère, avec la même hauteur que si elle n'eût jamais eu aucun sujet de faire réflexion sur des barricades.

[...]

J'éprouvais, en ce rencontre, que les plus habiles courtisans peuvent être de fort grosses dupes, quand ils se fondent trop sur leurs conjectures. Celles que ces messieurs tirèrent de ma promotion au cardinalat furent que je n'avais obtenu le chapeau que par le moyen des grands engagements que j'avais pris avec la cour. Ils agirent sur ce principe ; ils me déchirèrent auprès de Monsieur sur ce titre. Comme il en savait la vérité, il s'en moqua. Ils m'établirent dans son esprit au lieu de m'y perdre ; parce qu'en fait de calomnie, tout ce qui ne nuit pas sert à celui qui est attaqué ; et vous allez voir le piège que les attaquants se tendirent à eux-mêmes en cette occasion. Je disais un jour à Monsieur que je ne concevais pas comme il ne se lassait point de toutes les sottises que l'on lui disait tous les jours contre moi, sur le même ton, et il me répondit en ces propres termes : « Ne comptez-vous pour rien le plaisir que l'on a à connaître, tous les matins, la méchanceté des gens couverte du nom de zèle, et, tous les soirs, leur sottise déguisée en pénétration ? » Je dis à Monsieur que je recevais cette parole avec respect, et comme une grande et belle leçon pour tous ceux qui avaient l'honneur d'approcher des grands princes.

Sébastien-Roch Nicolas de Chamfort

« On a beau ne rien leur donner, ces drôles-là demandent toujours »

1795

CXXVIII

Voulez-vous voir à quel point chaque état de la Société corrompt les hommes ? Examinez ce qu'ils sont, quand ils en ont éprouvé plus longtemps l'influence, c'est-à-dire dans la vieillesse. Voyez ce que c'est qu'un vieux courtisan, un vieux prêtre, un vieux juge, un vieux procureur, un vieux chirurgien, etc.

CCXX

Quelques folies qu'aient écrites certains physionomistes de nos jours, il est certain que l'habitude de nos pensées peut déterminer quelques traits de notre physionomie. Nombre de courtisans ont l'œil faux, par la même raison que la plupart des tailleurs sont cagneux.

CCXXVI

Plusieurs courtisans sont haïs sans profit, et pour le plaisir de l'être. Ce sont des lézards, qui, à ramper, n'ont gagné que de perdre leur queue.

CCXLIV

À la Cour, tout est courtisan, le prince du sang, le chapelain de semaine, le chirurgien de quartier, l'apothicaire.

CCLII

Les courtisans sont des pauvres enrichis par la mendicité.

CDXXII

Le philosophe qui fait tout pour la vanité, a-t-il droit de mépriser le courtisan qui fait tout pour l'intérêt ? Il me semble que l'un emporte les louis d'or et que l'autre se retire content, après en avoir entendu le bruit. D'Alembert, courtisan de Voltaire par un intérêt de vanité, est-il bien au-dessus de tel ou tel courtisan de Louis XIV, qui voulait une pension ou un gouvernement ?

CDXXIII

Quand un homme aimable ambitionne le petit avantage de plaire à d'autres qu'à ses amis, comme le font tant d'hommes, surtout de gens de lettres, pour qui plaire est comme un métier, il est clair qu'il ne peut y être porté que par un motif d'intérêt ou de vanité. Il faut qu'il choisisse entre le rôle d'une courtisane et celui d'une coquette, ou si l'on veut d'un comédien. L'homme qui se rend aimable pour une société, parce qu'il s'y plaît, est le seul qui joue le rôle d'un honnête homme.

DXXXI

Les Courtisans et ceux qui vivaient des abus monstrueux qui écrasaient la France, sont sans cesse à dire qu'on pouvait réformer les abus sans détruire comme on a détruit. Ils auraient bien voulu qu'on nettoyât l'étable d'Augias avec un plumeau.

DXCVI

Un homme fort riche disait en parlant des pauvres : « On a beau ne leur rien donner, ces drôles-là demandent toujours. » Plus d'un prince pourrait dire cela de ses courtisans.

Les textes rassemblés sont issus des ouvrages suivants :

« Essai sur l'art de ramper, à l'usage des courtisans » : baron d'Holbach, *Facétie philosophique tirée des manuscrits de feu M. le baron d'Holbach et insérée dans la Correspondance de Grimm*, décembre 1790.

« Des conjurations » : Nicolas Machiavel, *Discours sur la première décade de Tite-Live*, livre 3, chapitre VI, traduction de Jean-Vincent Périès.

« La cour est comme un édifice bâti de marbre : composée d'hommes fort durs, mais fort polis » : Jean de La Bruyère, « De la cour », « Des grands », *Les Caractères*, 1688.

« Amusez les Rois par des songes » : Jean de La Fontaine, *Fables*, « Les obsèques de la Lionne », livre VIII et « La cour du Lion » livre VII, 1678.

« Audience que j'eus du roi » : Louis de Rouvroy, duc de Saint-Simon, *Mémoires*, 1710.

« Portraits » : Cardinal de Retz, *Mémoires*, 1717.

« On a beau ne rien leur donner, ces drôles-là demandent toujours » : Sébastien-Roch Nicolas de Chamfort, *Maximes et Pensées*, 1795.

Table des matières

Achevé d'imprimer en Italie par Grafica Veneta
en janvier 2015
Dépôt légal décembre 2013
EAN 9782290082744
OTP L21ELLN000596B002

—

Ce texte est composé en Lemonde journal et en Akkurat

—

Conception des principes de mise en page :
mecano, Laurent Batard

—

Composition : PCA

—

ÉDITIONS J'AI LU
87, quai Panhard-et-Levassor, 75013 Paris
Diffusion France et étranger : Flammarion

Librio
1096